MISSION
WELTRAUM

Illustrationen
von
GIULIA DE AMICIS

INHALT

WILLKOMMEN !

BIST DU BEREIT ZUM
ABHEBEN FÜR EINE

INTERSTELLARE REISE

ZUR
ERFORSCHUNG
DER FERNSTEN ORTE
IM WELTRAUM

?

Diese Seiten bilden
die perfekte Startrampe!
Sie wurden speziell auf die
Ansprüche neugieriger kluger Köpfe junger
und ehrgeiziger Forscher zugeschnitten, die das
Privileg der Untersuchung einiger der wunderbarsten
Erscheinungen des Universums haben werden.

**VOR DEM START SOLLTEST DU
JEDOCH WISSEN: DIES IST KEIN
GEWÖHNLICHES BUCH!**

Auf diesen Seiten wirst du nämlich keine langen
und umständlichen Beschreibungen voller
schwieriger Begriffe finden. Jede Information,
jede wissenschaftliche Tatsache wird für dich
mit einem Blick verständlich!

Der Text wurde auch bei der Behandlung
der größten Geheimnisse des Weltraums
in wenigen Worten zusammengefasst und wird
durch unterstützende Schaubilder und farbige
Illustrationen interessant und leicht verständlich.

Und wie verhält es sich mit den Zahlen?
Jeder Astronaut weiß, dass die zur Angabe
von Entfernungen und Größenordnungen
des Universums notwendigen Zahlen riesig sind!
Hier findest du jedoch in Linien, Punkte
und Zeichnungen umgewandelte Zahlen,
die so besonders leicht zu verstehen sind.

**DIESE SPRACHE, DIESE BESONDERE
KOMMUNIKATIONSTECHNIK,
DIE GRAPHIK UND INFORMATION
ZUSAMMENSETZT, HAT EINEN NAMEN:
INFOGRAFIK.**

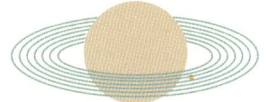

Das erleichterte Verständnis der Daten mindert
aber keineswegs die Faszination einer Reise,
die mit den grundlegenden Momenten
der Weltraumforschung beginnt.

Und dann wirst du das Sonnensystem in allen
Einzelheiten erkunden und entdecken können,
was unseren Planeten von anderen unterscheidet
und was andererseits einzigartig macht!

Hinter dem Küiper-gürtel, der den Rand unseres
Sonnensystems markiert, beginnt die Erforschung
unserer Galaxie und führt doch nur zur Erkenntnis,
dass sie nur ein winziger Teil des Universums ist!

Auf deiner Reise wirst du auf Sterne treffen,
die tausendmal größer als die Sonne sind,
riesige schwarze Löcher, Kometen,
Asteroiden und Meteore!

Schließlich wirst du in der Lage sein, eine
Weltraumstation zu betreten, um zu verstehen,
wie ein Mensch im Weltraum überleben kann:
Grundwissen für einen Astronauten!

BIST DU BEREIT?
MACH ES DIR BEQUEM,
DER COUNTDOWN HAT BEGONNEN!

10... 9... 8... 7... 6...

ZEITLEISTE DER WELTRAUMFORSCHUNG

GESCHICHTE DER MISSIONEN

Von den ersten Astronomen, die den Himmel über uns erforschten bis zu den jüngsten Fortschritten, die es den Astronauten ermöglichen, das Weltall zu durchqueren und Weltraumstationen zu bauen, ist unsere Weltraumgeschichte ein unglaubliches, aufregendes Abenteuer.

1942
Die deutsche Rakete V2 ist das erste Fahrzeug, welches das Weltraum erreicht. Die Entfernung von der Erdoberfläche beträgt 100 km.

1946
Erste Bilder von der Erde werden aus einer suborbitalen Höhe von 105 Kilometern aufgenommen.

1969
Die amerikanischen Astronauten Neil Armstrong und Buzz Aldrin erreichen den Mond mit dem Raumschiff Apollo 11 und schaffen die erste Mondlandung.

1966
Erste Berührung mit einem anderen Planeten, der Venus, durch die russische Raumsonde Venera 3.

1961
Der russische Kosmonaut Juri Gagarin ist der erste Mensch im Weltraum. Gagarins Raumfahrzeug, Wostok 1, vollzog eine Erdumkreisung in zirka 2 Stunden.

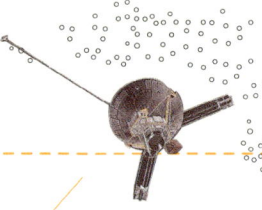

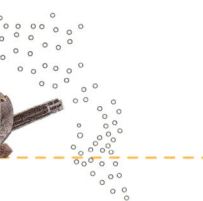

1971
Die von der Sowjetunion gebaute Saljut 1 ist die erste Raumstation der Welt.

1973
Die von der NASA gestartete Raumsonde Pioneer 10 durchquert als erste den Asteroidengürtel. 1983 passiert sie die Bahn von Neptun.

1974
Die Raumsonde Mariner 10 der NASA sendet die ersten Bilder des Planeten Venus an die Erde.

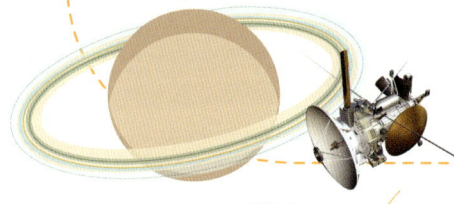

1998
Die internationale Weltraumstation wird gestartet. Es ist die größte im Weltraum gebaute Wohnanlage für Astronauten.

1997
Sojourner ist der erste von der NASA zum Mars gesandte Rover.

2004
Die Sonde Cassini der NASA erreicht als erste die Umlaufbahn des Saturn. Die Mission soll den Planeten und seinen vielen natürlichen Satelliten untersuchen.

2005
Die Raumsonde Huygens landet auf der Oberfläche des größten Saturnmondes, Titan. Es ist die erste Landung auf einem Mond im äußeren Sonnensystem.

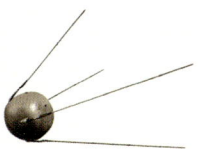

1947
Die Fruchtfliegen werden eingesetzt zur Untersuchung der Wirkungen von Raumfahrten auf lebende Organismen. Als Nahrung für den Flug wird Getreide mitgegeben.

1957
Der erste Satellit, Sputnik 1, wird von der Sowjetunion in die Erdumlaufbahn gesandt und liefert das erste Signal aus dem Weltraum an die Erde.

1960
Die Hunde Belka und Strelka verbringen einen Tag um Weltraum. Zusammen mit ihnen reiste ein grauer Hase, 42 Mäuse, 2 Ratten, Fliegen sowie ein Anzahl Pflanzen und Pilze. Es waren die ersten terrestrischen Lebewesen, welche die Erde umkreisten und lebend zurückkehrten.

1959
Erste Berührung mit einer anderen Welt: die russische Raumsonde Lunik 2 macht eine Bruchlandung auf dem Erdmond.

1976
Viking 1 ist die erste Raumsonde, die erfolgreich auf dem Mars landet. Sie lieferte die ersten Fotografien der Marsoberfläche an die Erde und entnahm Bodenproben.

1982
Die russische Sonde Venera 13 entnimmt Bodenproben von der Venus und zeichnet die ersten Töne einer anderen Welt auf.

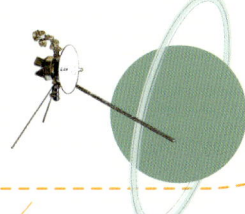

1990
Die Raumsonde Ulysses wird in die Umlaufbahn gesandt. 1995 schließt sie die erste polare Sonnenumlaufbahn ab.

1986
Die 1977 gestartete Raumsonde Voyager 2 fliegt nahe am Uranus, dem siebten Planeten im Sonnensystem, vorbei.

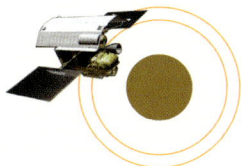

2011
Die Raumsonde MESSENGER der NASA tritt erfolgreich in die Umlaufbahn des Planeten Merkur ein.

2015
Kopfsalat ist die erste Pflanze, die von Astronauten im Weltraum angebaut, geerntet und gegessen wird.

2016
Der amerikanische Astronaut Scott Kelly und der russische Kosmonaut Mikhail Kornienko schließen ihre 340 Tage dauernde Weltraummission ab, die längste von der NASA aufgezeichnete Zeit.

WAS IST UNSER UNIVERSUM?

Das Universum ist die Gesamtheit von Raum und Zeit und ihrer Inhalte. Es schließt Planeten, Monde, Sterne, Galaxien, jegliche Materie und Energie ein. Das Universum ist mindestens 13,7 Milliarden Jahre alt und wird sich unendlich weiter ausdehnen.

DER GERUCH DES WELTALLS

Einige Astronauten haben den nach einem Weltraumspaziergang an ihren Raumanzügen wahrnehmbaren Geruch als ein stechendes Aroma beschrieben. Andere fühlen sich an verbranntes Steak erinnert. Nach einer Mission im Jahr 2003 versuchte der Astronaut Don Pettit, den Geruch des Weltalls im Detail zu beschreiben. Er beschrieb ihn als eine „ziemlich angenehme süß-metallische Empfindung" und als „einen angenehm süß riechenden Schweißrauch".

DER URKNALL

Die Urknall-Theorie ist das vorherrschende kosmologische Modell. Es beschreibt die Entwicklung des Universums seit dem Beginn der Zeit und seine anschließende Ausdehnung.

Den Urknall kann man sich als große, mächtige Explosion vorstellen, zu der es vor ungefähr 13 Milliarden Jahren kam und zur Entstehung aller Planeten, Galaxien und Sternen des Kosmos führte.

3. PLASMA

2. URSUPPE

1. KOSMOLOGISCHE INFLATION

DER KLANG DES UNIVERSUMS

Theoretisch existiert im Weltall kein Klang, da es dort keine Luft für den Transport der Schallwellen gibt. Mit der Hilfe spezieller Instrumente können Astronomen aber die elektronischen Schwingungen von Planeten, Monden und Ringen aufzeichnen und in Klang übertragen.

Jeder Planet, Mond, Ring, jedes schwarze Loch und jede Sonne strahlt einen anderen Klang aus. Wenn du ein außergewöhnliches Gehör hättest, könntest du ein Knarren, metallisches Quietschen, Brummen, rieselndes Wasser, windartige und andere seltsam schaurige Geräusche wahrnehmen. Dies sind die Lieder des Universums.

5. PLANETEN UND STERNE WERDEN GEBOREN

4. GIGANTISCHE WOLKEN WERDEN ZU GALAXIEN

DIE FORM DES UNIVERSUMS

Die Astronomen haben keine Gewissheit über die endgültige Form des Universums. Sie haben drei mögliche Erklärungen für seine Geometrie. Diese drei möglichen Formen werden flaches Universum, offenes Universum beziehungsweise geschlossenes Universum genannt.

FLACHES UNIVERSUM

OFFENES UNIVERSUM

GESCHLOSSENES UNIVERSUM

UNSER SONNENSYSTEM

Unser Sonnensystem ist ein Teil der Milchstraßen-Galaxie. Es entstand vor ungefähr 4,6 Milliarden Jahren. Es besteht aus der Sonne – unserem Stern – und allem, was diese umrundet. Dazu gehören die acht Planeten und ihre Monde, die Zwergplaneten und ihre Satelliten ebenso wie Asteroiden, Kometen und unzählige kleinere Bruchstücke.

UMLAUFBAHNEN UND STRUKTUREN

Wir können uns das Sonnensystem als aus zwei Teilen bestehend vorstellen: Merkur, Venus, Erde und Mars bilden das innere Sonnensystem. Diese Planeten liegen am nächsten zur Sonne und werden wegen ihrer festen, felsigen Oberflächen die „erdähnlichen" Planeten genannt. Der zweite Teil wird als äußeres Sonnensystem bezeichnet: zu ihm gehören die Gasriesen Jupiter, Saturn, Uranus and Neptun. Hinter der Bahn des Neptun verläuft die Umlaufbahn des Pluto, der eine Eisoberfläche hat.

1 SONNE

2 MERKUR

3 VENUS

4 ERDE

5 MARS

6 JUPITER

7 SATURN

8 URANUS

9 NEPTUN

10 PLUTO

INNERE PLANETEN

ASTEROIDENGÜRTEL

ÄUSSERE PLANETEN

KUIPER-GÜRTEL

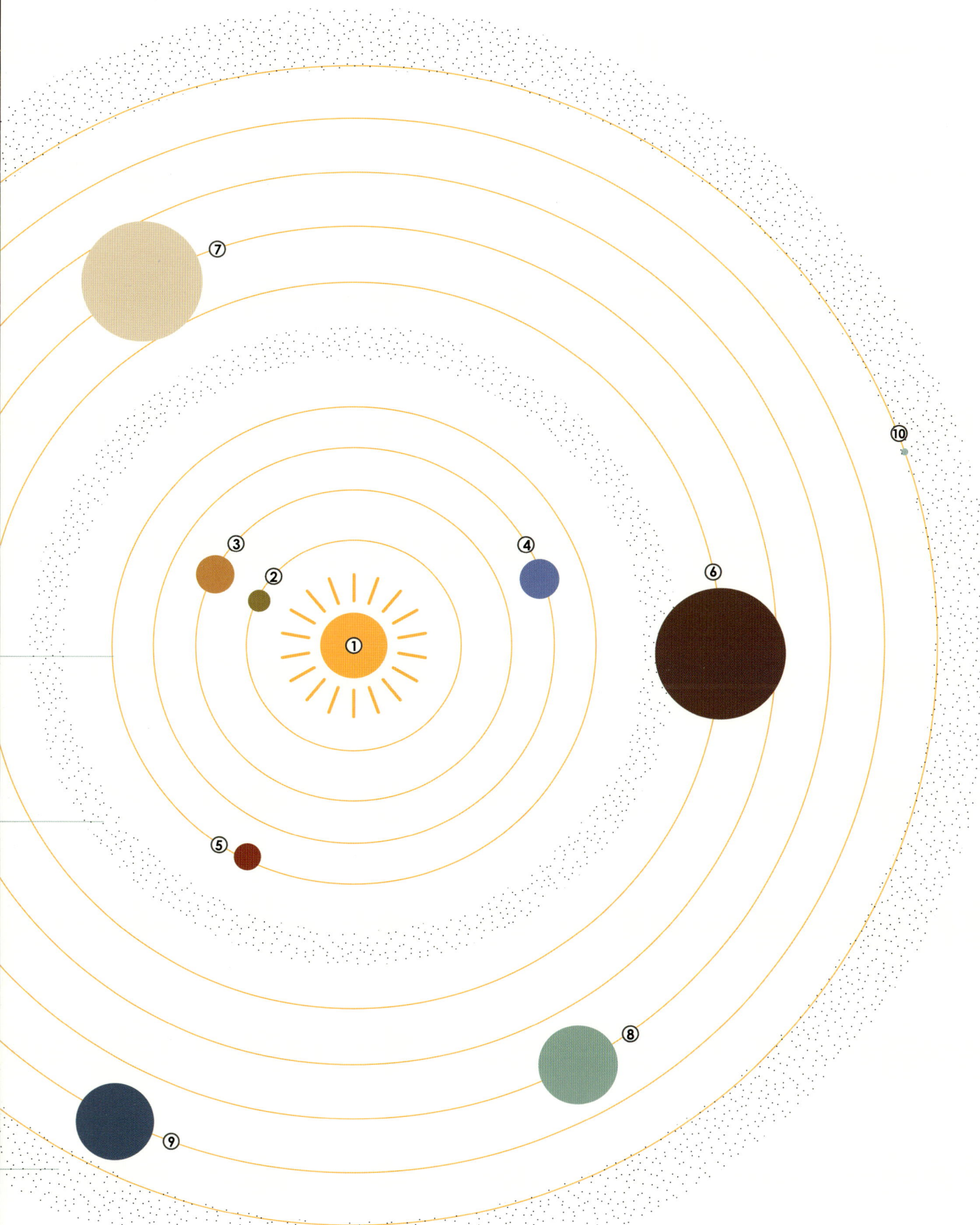

PLANETENÜBERSICHT

Die Planeten in unserem Sonnensystem können entsprechend ihrer Struktur, Zusammensetzung, Größe und Eigenschaften klassifiziert werden. Eine allgemein übliche →→ Klassifikation unterscheidet die Planeten in drei Hauptgruppen.

ERDÄHNLICHE PLANETEN

Ein erdähnlicher oder terrestrischer Planet ist ein Planet, der vorwiegend aus Silikatgestein oder Metall besteht. Innerhalb des Sonnensystems sind die erdähnlichen Planeten die inneren Planeten, die am nächsten zur Sonne liegen.

MERKUR   VENUS   ERDE   MARS

TAGE UND JAHRE AUF VERSCHIEDENEN PLANETEN

Jeder Planet hat eine eigene Umlaufbahn, die sich von den anderen unterscheidet. Die Planeten brauchen verschiedene Zeiten und Geschwindigkeiten für eine Sonnenumrundung, was sich in einer unterschiedlichen Dauer der Jahre auswirkt. Auch die Zeiten, in denen sich die Planeten um ihre eigene Achse drehen, sind unterschiedlich. Dies führt zu unterschiedlichen Tageslängen.

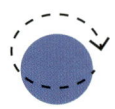

ROTATIONSPERIODE

Das ist die Zeit, die ein Planet braucht, um sich um seine eigene Achse zu drehen. Die Erde braucht 24 Stunden oder einen Tag für eine Drehung um sich selbst.

SONNE	MERKUR	VENUS	ERDE	MARS
	59 Tage *	243 Tage	**1 Tag**	1 Tag
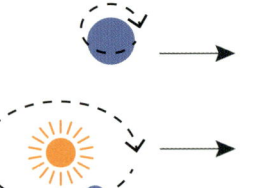	88 Tage	225 Tage	**365 Tage**	687 Tage

*Alle Maßeinheiten beziehen sich auf die Erdzeitmessung.

GASRIESEN

Ein Gasriese ist ein Riesenplanet, der hauptsächlich aus Wasserstoff und Helium besteht. Jupiter und Saturn sind die Gasriesen unseres Sonnensystems.

EISRIESEN

Ein Eisriese ist ein Riesenplanet, der hauptsächlich aus schwer flüchtigen Stoffen, die Eis genannt werden, besteht. Die Eisriesen unseres Sonnensystems sind Uranus und Neptun.

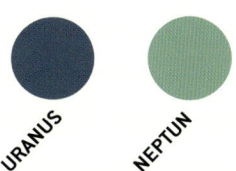

REVOLUTIONSPERIODE

Das ist die Zeit, die ein Planet braucht, um die Sonne zu umrunden. Die Erde braucht dazu 365 Tage. Wir nennen dies ein „Sonnenjahr".

JUPITER	SATURN	URANUS	NEPTUN	PLUTO
10 Stunden	10 Stunden	17 Stunden	16 Stunden	6 Tage
12 Jahre	29 Jahre	84 Jahre	165 Jahre	248 Jahre

SATELLITEN

Mehrere Raumsonden halten die Sonne unter ständiger Beobachtung, ergründen ihre Geheimnisse und warnen die Erde über gefährliches Weltraumwetter.

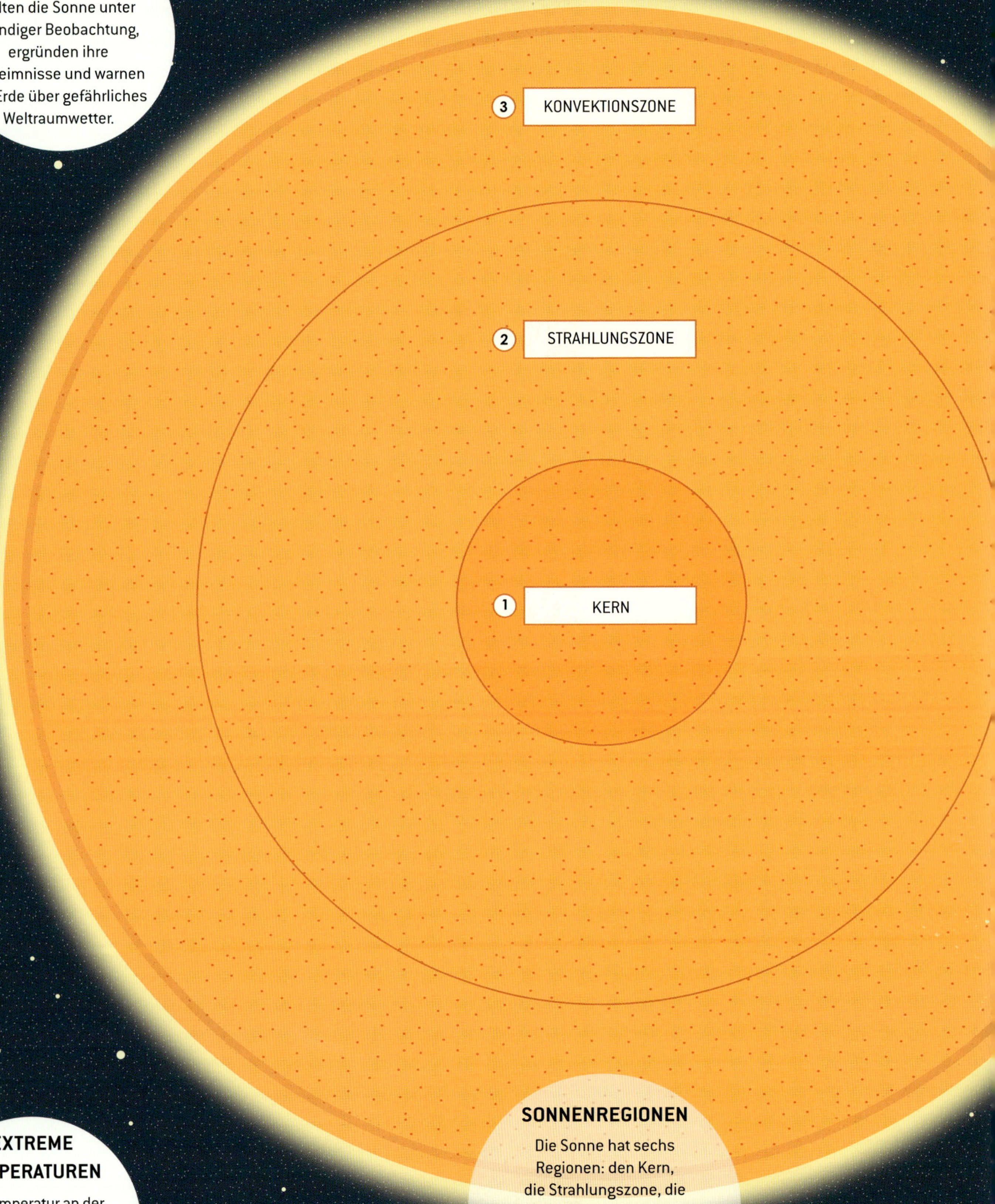

3 KONVEKTIONSZONE

2 STRAHLUNGSZONE

1 KERN

SONNENREGIONEN

Die Sonne hat sechs Regionen: den Kern, die Strahlungszone, die Konventionszone im Innern, die sichtbare Oberfläche oder Photosphäre, die Chromosphäre und die äußerste Zone, die Korona.

EXTREME TEMPERATUREN

Die Temperatur an der Sonnenoberfläche ist hoch genug, um Kohlenstoffe wie Diamanten und Graphit zum Kochen zu bringen.

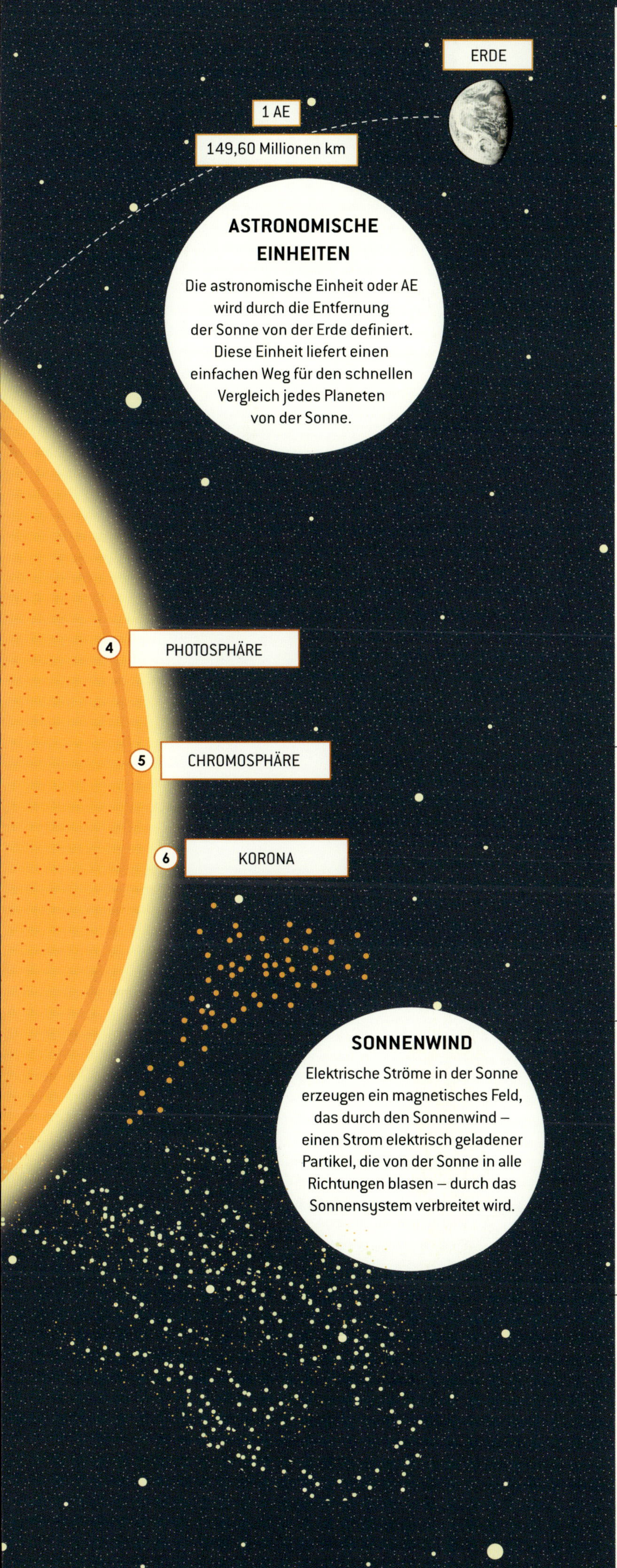

ERDE

1 AE

149,60 Millionen km

ASTRONOMISCHE EINHEITEN

Die astronomische Einheit oder AE wird durch die Entfernung der Sonne von der Erde definiert. Diese Einheit liefert einen einfachen Weg für den schnellen Vergleich jedes Planeten von der Sonne.

(4) PHOTOSPHÄRE

(5) CHROMOSPHÄRE

(6) KORONA

SONNENWIND

Elektrische Ströme in der Sonne erzeugen ein magnetisches Feld, das durch den Sonnenwind – einen Strom elektrisch geladener Partikel, die von der Sonne in alle Richtungen blasen – durch das Sonnensystem verbreitet wird.

DIE SONNE

Unsere Sonne ist ein Zwergstern. Sie ist eine Gaskugel, die durch ihre eigene Schwerkraft zusammengehalten wird und keine feste Oberfläche hat. Die Zusammenwirkung zwischen Sonne und Erde macht unseren Planeten zu einem lebensfreundlichen Raum. Auch wenn sie für uns besonders ist, so gibt es doch Milliarden von Sternen wie unsere Sonne verstreut im Universum.

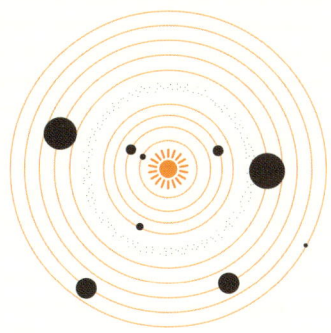

DURCHMESSER:

1.391.400 km, 109-mal größer als die Erde

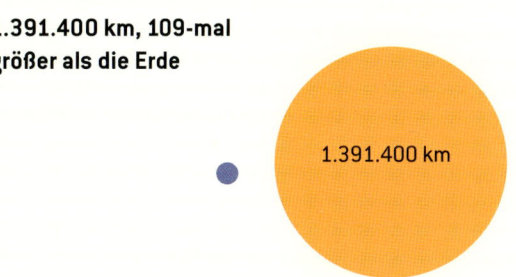

1.391.400 km

TEMPERATUR

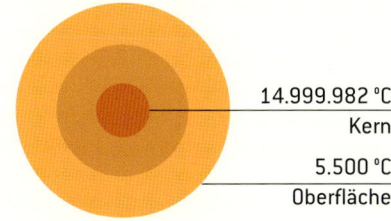

14.999.982 °C
Kern

5.500 °C
Oberfläche

ZUSAMMENSETZUNG

92% Wasserstoff, 7,8% Helium

ENTDECKUNG

Im Jahr 1631 beobachteten Thomas Harriott und Galileo Galilei den Merkur mit dem gerade erfundenen Teleskop.

DIE ERFORSCHUNG DES MERKUR

Die Raumsonde MESSENGER umrundete als erste den Merkur. Hauptziel war das Verstehen des kleinsten, dichtesten und am wenigsten erforschten erdähnlichen Planeten.

DER MERKUR

DER SCHNELLSTE PLANET

Der Merkur umrundet die Sonne in 88 Tagen und reist mit einer Geschwindigkeit von fast 50 km/h durch das Weltall, schneller als jeder andere Planet.

DIE LANDSCHAFT AUF DEM MERKUR

Der Merkur ist der kleinste Planet im inneren Sonnensystem. Er ist nur etwas größer als der Erdmond. Wie der Mond hat auch der Merkur nur eine sehr dünne schützende Atmosphäre und ist mit Kratern bedeckt.

Der Merkur ist der am nächsten zu unserer Sonne gelegene Planet und der kleinste der acht Planeten des Sonnensystems. Die Erforschung des Merkurs ist wegen seiner Nähe zur Sonne sehr schwierig. Obwohl er etwas größer als unser Erdmond ist, besteht der Planet aus Schwermetallen wie Eisen, sodass er sehr viel schwerer als unser Satellit ist.

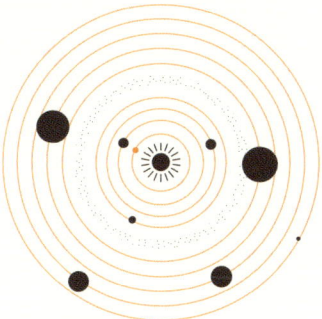

NAMENSHERKUNFT:

Der Merkur wurde nach dem Boten der römischen Götter benannt, weil er sich sehr schnell um die Sonne bewegt

DURCHMESSER:

4.880 km, der Merkur ist 18-mal kleiner als die Erde

TEMPERATUR:

-180 ºC auf der von der Sonne abgewandten Seite
430 ºC auf der zur Sonne hingewandten Seite

ATMOSPHÄRE:

Der Merkur hat keine Atmosphäre, die ihn vor der Sonne schützt oder Hitze zurückhält

PLANETENTYP:

Erdähnlich

MONDE:

Der Merkur hat keine Monde

RINGE:

Der Merkur hat keine Ringe

ZEIT AUF DER VENUS

Ein Tag auf der Venus dauert länger als ein Tag auf jedem anderen Planeten unseres Sonnensystems. Der Planet vervollständigt eine Rotation in 243 Erdentagen.

RÜCKLÄUFIGE DREHUNG

Die Venus ist einer von gerade mal zwei Planeten des Sonnensystems, die von Osten nach Westen rotieren. Nur Venus und Uranus drehen sich in dieser entgegengesetzten Richtung.

DIE FARBEN DER VENUS

Vom Weltall aus gesehen ist die Venus leuchtend weiß, da sie mit weißen Wolken bedeckt ist, die das Sonnenlicht reflektieren und streuen. Die dichte Atmosphäre filtert das Sonnenlicht, sodass alles orange aussehen würde, wenn du dich auf der Venus befändest.

DIE VENUS

Die Venus ist der am zweitnächsten zur Sonne gelegene Planet und unser nächster Planetennachbar. Die in Aufbau und Größe der Erde ähnliche Venus dreht sich langsam in der zu den meisten Planeten entgegengesetzten Richtung. Ihre dichte Atmosphäre fängt die Hitze mit einem starken Treibhauseffekt ein und macht sie zum heißesten Planeten im Sonnensystem.

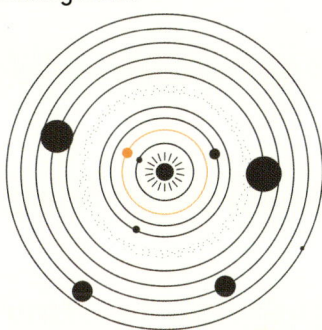

WELTRAUMMISSIONEN

Im Jahre 1975 sendete die Sowjetunion zwei Raumlandefähren zur Venus, Venera 9 und Venera 10. Es waren die ersten Lander, welche die Planetenoberfläche erreichte.

MAXWELL MONTES

11.000 m

MOUNT EVEREST

8.848 m

LANDSCHAFT

Die Venus hat Gebirge, Täler und Vulkane. Der höchste Berg auf der Venus, Maxwell Montes, ist 11 km hoch, ähnlich wie der höchste Berg der Erde, der Mount Everest.

NAMENSHERKUNFT:

Die Venus ist nach der römischen Göttin der Liebe und der Schönheit benannt

DURCHMESSER:

12.100 km, die Venus ist ungefähr so groß wie die Erde

TEMPERATUR:

462 °C an der Oberfläche

ATMOSPHÄRE:

Kohlendioxid, mit Wolken aus Schwefelsäuretröpfchen

PLANETENTYP:

Erdähnlich

MONDE:

Die Venus hat keine Monde

RINGE:

Die Venus hat keine Ringe

NAMENSHERKUNFT

Alle anderen Planeten im Sonnensystem wurden nach griechischen und römischen Göttern und Gottheiten benannt. Im Unterschied dazu ist der Name Erde ein englisches/deutsches Wort, das einfach Boden bedeutet.

EIN EINZIGER MOND

Die Erde ist der einzige Planet mit nur einem Mond. Der Mond hat einen großen Anteil daran, dass Leben auf der Erde möglich ist. So stabilisiert er z.B. die Schwingungen unseres Planeten und sorgt für ein weniger schwankendes Klima.

DIE ERDE

Die Erde ist der zur Sonne drittnächste und der fünftgrößte Planet im Sonnensystem. Die Erde ist nur wenig größer als die nahe Venus und der größte der erdähnlichen Planeten. Unser Heimatplanet ist der einzige Planet in unserem Sonnensystem, von dem bekannt ist, dass Leben auf ihm möglich ist.

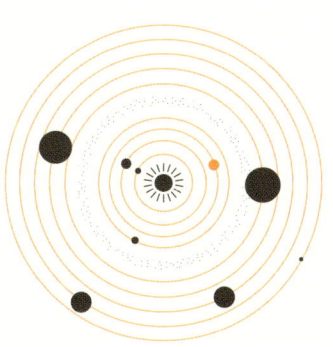

AUFBAU

Die Erde besteht aus vier Hauptschichten. Der innere und der äußere Kern sind heiße Kugeln aus Eisen und Nickel. Der Mantel ist eine heiße Mischung aus geschmolzenem Gestein mit der Beschaffenheit von Karamell. Zur Erdkruste gehören die Landschaft, auf der wir gehen, und die Gründe der Ozeane.

FESTE KRUSTE

FELSIGER MANTEL

ÄUSSERER KERN

INNERER KERN

FORM

Die Erde ist keine perfekte Kugel. Vielmehr ist sie ein abgeflachtes Sphäroid, eine an den Polen abgeflachte Kugel. Der Durchmesser der Erde ist am Äquator 43 km größer als der Pol-zu-Pol-Durchmesser.

DER BLAUE PLANET

Die Ozeane der Erde bedecken fast 70 Prozent der Planetenoberfläche und enthalten 97% des Wassers. Viele Vulkane der Erde liegen verborgen unter dem Ozean; einige davon sind größer als der Mount Everest. Auch der längste Gebirgszug der Erde liegt unter Wasser, auf dem Grund des Arktischen und des Atlantischen Ozeans.

NAMENSHERKUNFT:

Bekannt ist sie auch als Welt, den Namen Erde hat sie seit mindestens 1000 Jahren, was einfach „Boden" bedeutet

DURCHMESSER:

12.756 km

TEMPERATUR:

An der Oberfläche: -88 °C min, 58 °C max
Im Kern: 5.400 °C

ATMOSPHÄRE:

Stickstoff, Sauerstoff

PLANETENTYP:

erdähnlich

MONDE:

Die Erde hat einen Mond

RINGE:

Die Erde hat keinen Ring

LUNIK 2

Als erstes Raumsonde gelangte Lunik 2 zum Mond. Die von der Sowjetunion gebaute Sonde erreichte den Mond im Jahr 1959. Die Reise dauerte insgesamt 34 Stunden.

1

BUCHT DES TAUES

MEER DER KÄLTE

REGENBOGENBUCHT

SEE DER TRÄUME

REGENMEER

MEER DER HEITERKEIT

ÖZEAN DER STÜRME

MEER DER DÜNSTE

MEER DER RUHE

MEER DER FRUCHTBARKEIT

WOLKENMEER

MEER DER FEUCHTIGKEIT

8,5 Stunden

WIE LANGE DAUERT DIE REISE DORTHIN?

Die NASA unternahm 2006 die kürzeste Reise zum Mond. Die Sonde New Horizons reiste mit 58 000 km/h und erreichte den Mond in achteinhalb Stunden.

MONDMEERE

Die Mondmeere sind große dunkle basaltische Tiefebenen vulkanischen Ursprungs aus der Frühphase des Mondes. Sie wurden von frühen Astronomen fälschlich mit „Maria", Lateinisch für „Meere", benannt, die sie tatsächlich für Meere hielten.

DER ERDMOND

Der Erdmond ist der einzige Ort jenseits der Erde, wo Menschen gelandet sind. Der Mond ist das hellste und größte Objekt an unserem Nachthimmel und macht die Erde zu einem bewohnbaren Planeten, indem er die Schwingung unseres Hausplaneten dämpft und so für ein relativ stabiles Klima sorgt. Er ist auch für die Gezeiten verantwortlich und hat dabei einen Rhythmus geschaffen, der die Menschen für tausende von Jahren geführt hat.

DURCHMESSER:

3.475 km, weniger als ein Drittel der Breite der Erde

ENTFERNUNG VON DER ERDE:

384.400 km. Der Mond ist weiter von der Erde entfernt, als es den Anschein hat: 30 Planeten von der Größe der Erde würden zwischen Erde und Mond passen

TEMPERATUR:

Min: -233 °C
Max: 123 °C

MONDLANDSCHAFT

Ein ständiger Regen von Asteroiden, Meteoriten und Kometen schlug auf die Oberfläche des Mondes ein und hinterließ zahlreiche Krater. Tycho-Krater hat eine Ausdehnung von mehr als 85 km.
Astronauten haben viele Dinge auf der Mondoberfläche hinterlassen: dazu gehören sechs US-Flaggen und eine Kamera.
Die Schwerkraft auf der Mondoberfläche beträgt ein Sechstel derjenigen der Erde. Aus diesem Grund scheinen die Astronauten in Aufnahmen der Mondspaziergänge über die Oberfläche zu hüpfen.

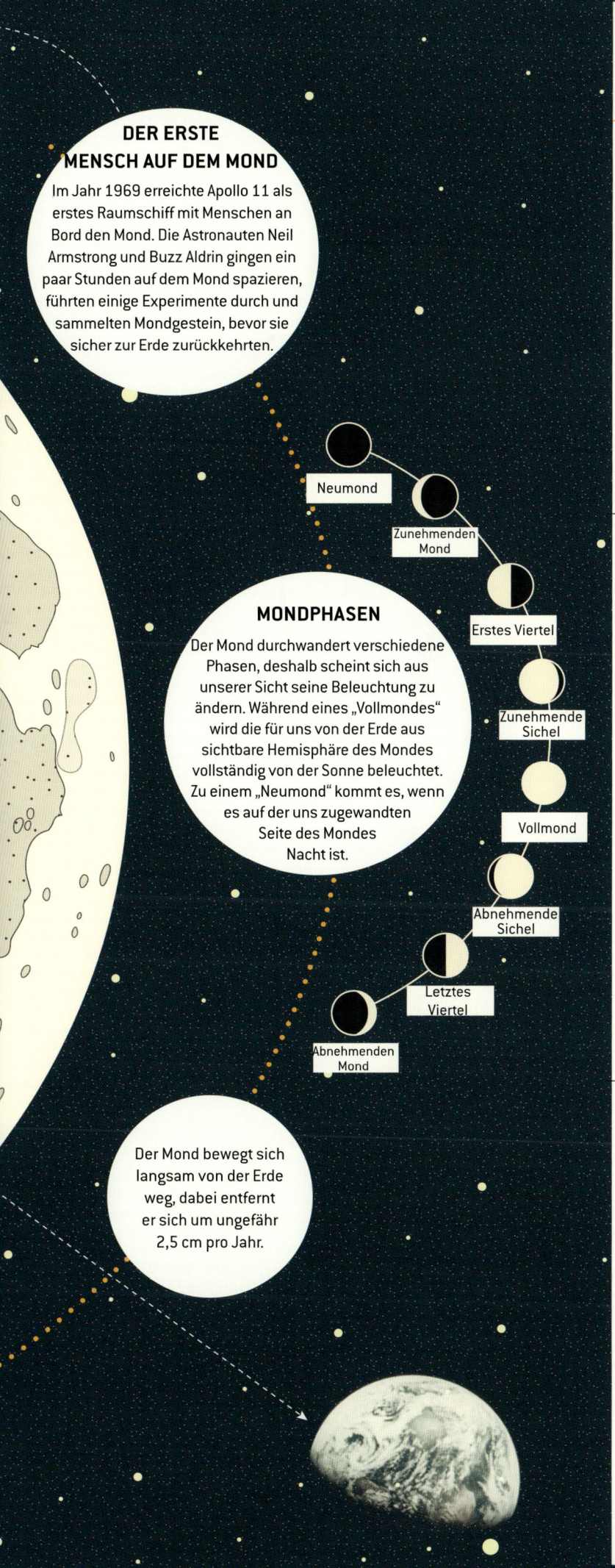

DER ERSTE MENSCH AUF DEM MOND

Im Jahr 1969 erreichte Apollo 11 als erstes Raumschiff mit Menschen an Bord den Mond. Die Astronauten Neil Armstrong und Buzz Aldrin gingen ein paar Stunden auf dem Mond spazieren, führten einige Experimente durch und sammelten Mondgestein, bevor sie sicher zur Erde zurückkehrten.

Neumond

Zunehmenden Mond

MONDPHASEN

Der Mond durchwandert verschiedene Phasen, deshalb scheint sich aus unserer Sicht seine Beleuchtung zu ändern. Während eines „Vollmondes" wird die für uns von der Erde aus sichtbare Hemisphäre des Mondes vollständig von der Sonne beleuchtet. Zu einem „Neumond" kommt es, wenn es auf der uns zugewandten Seite des Mondes Nacht ist.

Erstes Viertel

Zunehmende Sichel

Vollmond

Abnehmende Sichel

Letztes Viertel

Abnehmenden Mond

Der Mond bewegt sich langsam von der Erde weg, dabei entfernt er sich um ungefähr 2,5 cm pro Jahr.

MISSIONEN

Der Rover Curiosity der NASA untersucht Marsgestein und Boden am Gale-Krater und forscht dabei nach mehr Hinweisen auf die Bewohnbarkeit des Mars in Vergangenheit und Gegenwart und ob Menschen auf dem Mars überleben könnten.

MARS-LANDER PHOENIX

Im Jahr 2008 war der Mars Lander Phoenix der NASA die erste Mission, die auf dem Eiswasser des Arktischen Ozeans des Mars landete und seine Schneefälle beobachtete.

PHOBOS

DEIMOS

MARSMONDE

Der Mars hat zwei kleine Monde in Form einer Kartoffel. Sie wurden benannt nach den Charakteren Phobos (Panik/Furcht) und Deimos (Schrecken/ Angst), die in der griechischen Mythologie ihren Vater Ares (Mars) in den Kampf begleiteten.

DER MARS

Der Mars ist eine kalte Wüstenwelt mit dem halben Durchmesser der Erde. Wie unser Planet hat der Mars Jahreszeiten, polare Eiskappen, Vulkane, Canyons und Wetter. Seine Atmosphäre ist jedoch zu dünn, um flüssiges Wasser länger existieren zu lassen. Der rote Planet, wie er oft genannt wird, ist der viertnächste zur Sonne. Seine rote Farbgebung entsteht durch das Mineral Eisenoxid, das sehr häufig auf der Planetenoberfläche vorkommt.

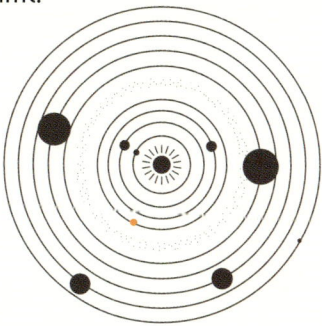

NAMENSHERKUNFT:

Der Mars wurde wegen seiner roten, an Blut erinnernden Farbe nach dem römischen Kriegsgott Kriegsgott benannt

DURCHMESSER:

6.794 km, halber Durchmesser der Erde

TEMPERATUR:

An der Oberfläche: -153 °C min, 20 °C max

ATMOSPHÄRE:

Kohlendioxid, Stickstoff, Argon

PLANETENTYP:

Erdähnlich

MONDE:

Der Mars hat zwei kleine Monde

RINGE:

Der Mars hat keine Ringe

POLARE EISKAPPEN AUF DEM MARS

Der Mars hat wie die Erde einen mit Eis bedeckten Nord- und Südpol. Beide Eiskappen bestehen hauptsächlich aus gefrorenem Wasser. Bei so viel gefrorenem Wasser in den Eiskappen des Mars halten es einige Wissenschaftler für möglich, dass hier einst Leben existiert haben könnte.

OLYMPUS MONS

Der größte Vulkan im Sonnensystem, der Olympus Mons, befindet sich auf dem Mars. Der Olympus ist mit mehr als 26,4 km Höhe auch das höchste Gebirge im Sonnensystem, mehr als dreimal so hoch wie der Mount Everest.

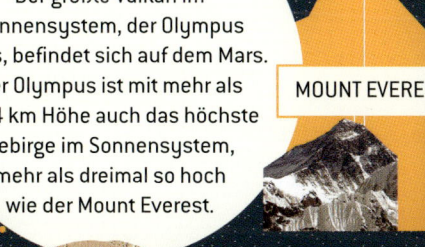

OLYMPUS MONS

MOUNT EVEREST

DER ASTEROIDENGÜRTEL

Der Asteroidengürtel liegt in der Region zwischen Mars und Jupiter und trennt die inneren erdähnlichen Planeten von den äußeren planetaren Gasriesen. Der 1801 entdeckte Gürtel besteht aus tausenden von Felsbrocken und Bruchstücken, welche die Sonne umrunden.

Die meisten Wissenschaftler denken, dass Asteroiden bei der Entstehung des Sonnensystems übriggebliebenes Material ist, das nie zu einem Planeten verschmolzen ist.
Viele der größeren Asteroiden erhielten einen Namen.

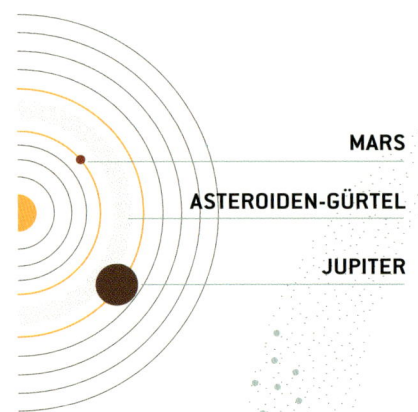

MARS

ASTEROIDEN-GÜRTEL

JUPITER

Ceres ist das größte Objekt im Asteroidengürtel und ein Zwergplanet. Es bildet 25% der Gesamtmasse des Asteroidengürtel, und sein Durchmesser beträgt ungefähr 945 km, knapp viermal kleiner als der Erdmond.

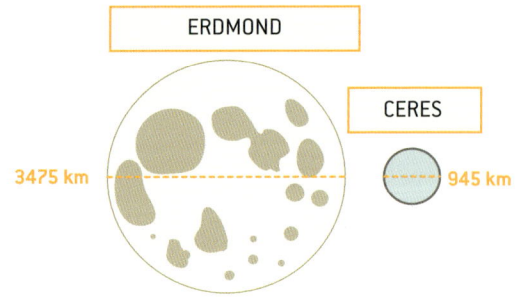

ERDMOND

CERES

3475 km

945 km

PLUTO

KUIPER-GÜRTEL

NEPTUN

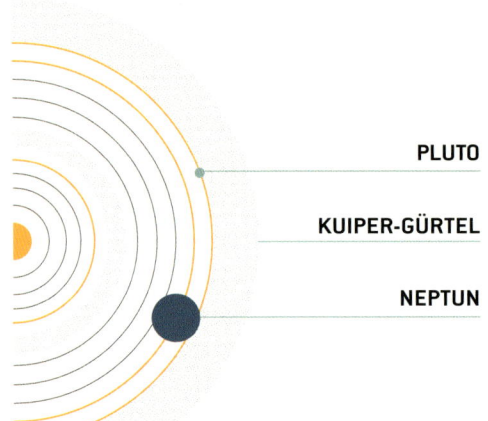

KUIPER-GÜRTEL

Ähnlich wie der Asteroidengürtel ist der Kuiper-Gürtel eine scheibenförmige Region von Eiskörpern, einschließlich Zwergplaneten und Kometen, die jenseits der Umlaufbahn des Neptun liegt. Er erstreckt sich über 30 bis 55 AE und ist von hunderttausenden von Eiskörpern mit einer Größe von über 100 km kolonisiert.

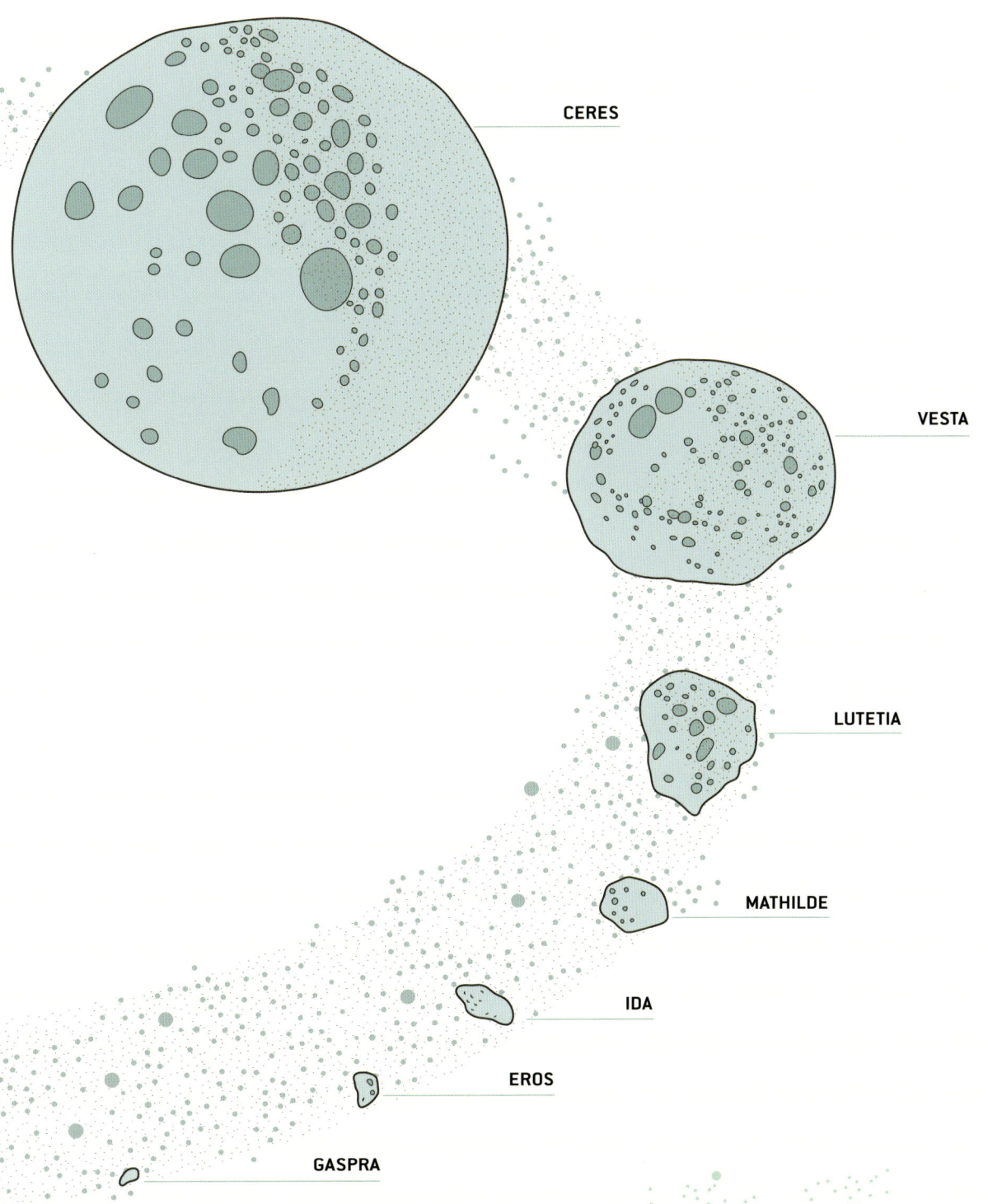

CERES

VESTA

LUTETIA

MATHILDE

IDA

EROS

GASPRA

DER JUPITER

Der Jupiter ist der größte Planet im Sonnensystem und der erste der äußeren Planeten, jenseits des Asteroidengürtels. Der Jupiter ist so groß, dass alle anderen Planeten des Sonnensystems Platz in ihm hätten. Von der Erde aus gesehen ist er nach der Venus der zweithellste Planet am Nachthimmel.

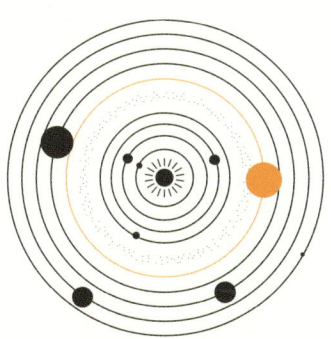

NAMENSHERKUNFT:

Aufgrund seiner majestätischen Größe wurde der Jupiter nach dem König der antiken römischen Götter benannt

DURCHMESSER:

139.822 km, 11-mal größer als die Erde

TEMPERATUR:

An der Oberfläche 145 ºC

ATMOSPHÄRE:

Wasserstoff und Helium

PLANETENTYP:

Gasriese

MONDE:

Jupiter hat 53 offiziell bestätigte und 14 provisorisch bestätigte Monde, insgesamt 67 Satelliten

RINGE:

Der Jupiter hat 3 dünne matte Ringe, die nur sehr schwer zu erkennen sind

ERFORSCHUNG

Viele Missionen hatten den Jupiter und sein Mondsystem zum Ziel. Im Jahr 2011 wurde die Raumsonde Juno gestartet. Sie erreichte den Jupiter im Juli 2016 und umrundet den Planeten zurzeit.

DIE JUPITERMONDE

Wissenschaftler interessieren sich hauptsächlich für die Galileischen Monde – die vier größten von Galileo Galilei im Jahr 1610 entdeckten Monde.

GALILEO

GANYMED

KALLISTO

IO

EUROPA

GROßER ROTER FLECK

Der Große Rote Fleck des Jupiter ist ein gigantischer Sturm größer als die Erde, der seit Jahrhunderten tobt.

KURZE TAGE

Der Jupiter rotiert schneller als jeder andere Planet. Während die Erde für eine Eigenumdrehung 24 Stunden braucht, dauert ein Tag auf dem Jupiter nur 10 Stunden.

DIE JUPITERMONDE

Der Jupiter ist einer der interessantesten Planeten im Sonnensystem. Der Gasriese als solcher ist beeindruckend. Mit seinen Wirbelstürmen, die größer als die Erde sind, und einer extrem starken Magnetosphäre ist er eine Herausforderung für die Forschung.

Der Jupiter hat 53 offizielle benannte Monde. Weitere 14 wurden entdeck, haben aber noch keinen offiziellen Status oder Namen. Dies bedeutet, dass der Jupiter insgesamt 67 Monde hat. Wissenschaftler sind insbesondere an den ersten 4 Monden, die jenseits der Erde entdeckt

EUROPA

VULKANREICH

IO

Io ist der Körper mit der höchsten vulkanischen Aktivität im Sonnensystem. Wenn Io seine leicht elliptische Bahn zieht, verursacht die Schwerkraft des Jupiters auf der festen Oberfläche des Io „Gezeiten" bis zu 100 m Höhe, die genug Hitze für vulkanische Aktivitäten und zum Verdrängen jeglichen Wassers erzeugen.

GESTEINSKRUSTE

GESTEINSMANTEL
EISENKERN

wurden, interessiert – den Galileischen Monden. Europa, Kallisto und Ganymed könnten riesige Ozeane mit flüssigem Wasser unter Eispanzern verbergen. Die Eismonde des Jupiter sind daher vermutlich der beste Ort im ganzen Sonnensystem, um nach Leben zu suchen.

POTENTIAL FÜR LEBEN

Die Oberfläche von Europa besteht hauptsächlich aus Wassereis, unter dem sich ein Ozean aus Wasser befinden könnte. Von dem Mond wird angenommen, dass er zweimal so viel Wasser wie die Erde hat. Mit einem solchen Überfluss an flüssigem Element regt Europa die Phantasie der Astrobiologen wegen seines Potentials für andere Lebensformen an.

EISKRUSTE
WASSEROZEAN
GESTEINSMANTEL
EISENKERN

KALLISTO

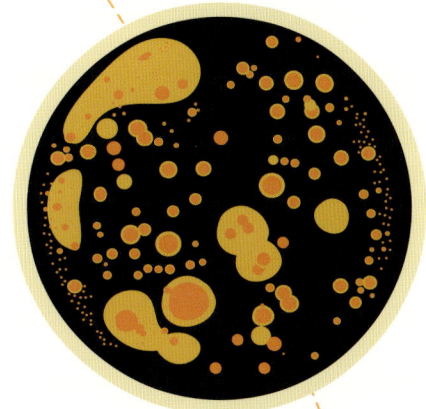

DER ÄUßERE MOND

Die Oberfläche des Callisto weist sehr viele Krater auf und ist sehr alt, ein sichtbare Aufzeichnung von Ereignissen der Frühzeit des Sonnensystems. Der Aufbau der Schichten auf Callisto ist im Vergleich mit anderen Monden weniger gut definiert und scheint hauptsächlich eine Mischung aus Eis und Stein zu sein.

GESTEINSKRUSTE
GESTEINS- UND
EIS MANTEL
GESTEINSKERN

GANYMED

DER GRÖßTE MOND

Ganymed ist der größte Mond im Sonnensystem, größer als der Planet Merkur, und es ist der einzige Mond, von dem bekannt ist, dass er sein eigenes im Innern erzeugtes Magnetfeld besitzt.

EISKRUSTE
WASSEROZEAN
EISMANTEL
GESTEINSMANTEL
EISENKERN

TITAN

Der größte Satellit des Saturn, der Titan, ist etwas größer als der Planet Merkur. Es ist einer der wenigen Monde mit einer dichten Atmosphäre, die möglicherweise sehr ähnlich zu dem ist, was die Erde vor sehr langer einmal war.

WINDIGER PLANET

Es ist ziemlich windig auf dem Saturn. Der Wind am Äquator des Planeten kann bis zu 1.800 km/h erreichen. Im Vergleich erreichen die schnellsten Winde auf der Erde ungefähr 400 km/h.

DER SATURN

Mit seinen tausenden großer und kleiner Ringe ist der Saturn einzigartig unter den Planeten. Alle vier Gasriesen haben aus Eis- und Gesteinsbrocken bestehenden Ringe, aber keine davon sind so spektakulär und komplex wie beim Saturn. Wie die anderen Gasriesen ist der Saturn hauptsächlich eine massenreiche Kugel aus Wasserstoff und Helium.

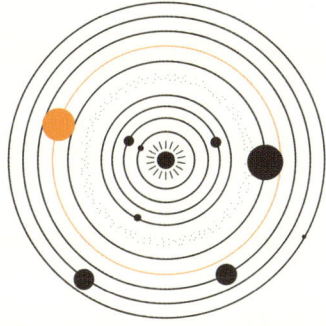

WELTRAUMMISSIONEN

Mit ihren Umrundungen des Saturns und seinen zahlreichen Monden stellt die Raumsonde Cassini einen Schlüsselbaustein in der Erforschung des Saturn-Systems dar. Cassini wurde 1997 gestartet, erreichte Saturn im Jahr 2004 und erforscht den Planeten bis heute.

RINGE

Die wunderschönen Ringe des Saturn sind von der Erde aus auch mit einem kleinen Teleskop zu sehen. Sie sind nicht fest, sondern bestehen aus Eis-, Staub- und Gesteinspartikeln. Einige sind so winzig wie Sandkörner, andere um vieles größer als Wolkenkratzer.

NAMENSHERKUNFT:

Saturn wurde nach dem römischen Gott für Reichtum und Ackerbau benannt

DURCHMESSER:

120.540 km, 9,5-mal größer als der Durchmesser der Erde

TEMPERATUR:

Circa -175 °C in der oberen Atmosphäre

ATMOSPHÄRE:

Wasserstoff und Helium

PLANETENTYP:

Gasriese

MONDE:

Der Saturn hat 53 offiziell bestätigte und 9 provisorisch bestätigte Monde

RINGE:

Der Saturn hat 7 Ringe

MONDE

Während die meisten der andere Planeten umlaufenden Satelliten ihr Namen aus der griechischen und römischen Mythologie beziehen, werden die Uranus-Monde als einzige nach Charakteren aus Werken von William Shakespeare und Alexander Pope benannt.

OBERON

TITANIA

UMBRIEL

ARIEL

MIRANDA

PUCK

KOMPRIMIERTER WASSERSTOFF UND HELIUM

KOMPRIMIERTE WASSER UND AMMONIAK

GESTEINSKERN

EISPLANET

Uranus ist einer der beiden Eisriesen im äußeren Sonnensystem. Der Planet besteht größtenteils aus einer dichten Flüssigkeit eisiger Stoffen – Wasser, Methan und Ammoniak – über einem kleinen Gesteinskern.

DER URANUS

Siebtnächster Planet zur Sonne mit dem drittgrößten Durchmesser im Sonnensystem, der Uranus ist kalt und windig. Der Planet wurde mit Hilfe eines Teleskops im Jahr 1781 von dem Astronomen William Herschel entdeckte, der ihn zunächst für einen Kometen oder einen Stern hielt.

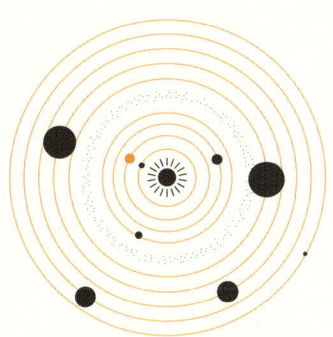

ERFORSCHUNG

Nur eine Raumsonde hat bislang den weit entfernten Uranus besucht. Nachdem die Sonde Voyager 2 der NASA neun Jahre unterwegs war, nahm sie kritische Informationen über den mysteriösen Planeten in gerade mal sechs Stunden auf.

EINZIGARTIGE ROTATION

Wie die Venus rotiert der Uranus von Osten nach Westen. Anders als anderen Planeten dreht sich Uranus auf seiner Seite, er rotiert also horizontal.

RINGE

Der Uranus hat zwei Gruppen von Ringen. Das innere System von neun Ringen besteht hauptsächlich aus engen, dunkelgrauen Ringen. Die beiden äußeren Ringgruppen weisen eine rötliche beziehungsweise blaue Färbung auf.

NAMENSHERKUNFT:

Uranus wurde nach dem griechischen Gott des Himmels benannt

DURCHMESSER:

51.118 km, 4-mal größer als die Erde

TEMPERATUR:

-224 °C an der Oberfläche
4.982 °C im Kern

ATMOSPHÄRE:

Wasserstoff, Helium, Methan

PLANETENTYP:

Eisriese

MONDE:

Der Uranus hat 27 kleine Monde

RINGE:

Der Uranus hat 13 matte Ringe

EIN SPEZIELLES BLAU

Wie beim Uranus ist die blaue Farbe des Neptun das Ergebnis des Methan in der Atmosphäre. Im Vergleich zum Uranus ist das Blau des Neptun lebhafter und heller, es muss als eine unbekannte Komponente vorhanden sein, welche die Farbe verursacht.

DER NEPTUN

Neptun ist der letzte der Gasriesen in unserem Sonnensystem. Er besteht aus Wasserstoff und Helium. Er ist dunkel, kalt und wird gepeitscht von Überschallwinden. Der Neptun ist mehr als 30-mal weiter entfernt von der Sonne als die Erde und braucht 165 Jahre für eine Umrundung unseres Sterns. Im Jahr 2011 vervollständigte der Neptun seine erste Umrundung seit seiner Entdeckung im Jahr 1846.

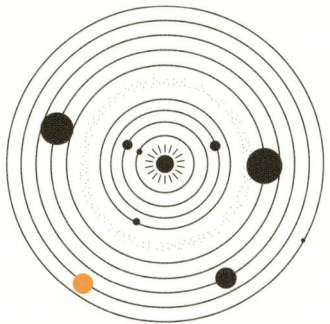

NAMENSHERKUNFT:

Der Neptun wurde nach dem römischen Gott des Meeres benannt

DURCHMESSER:

49.532 km

TEMPERATUR:

-214 °C an der Oberfläche

ATMOSPHÄRE:

Wasserstoff, Helium, Methan

PLANETENTYP:

Eisriese

MONDE:

Der Neptun hat 13 bekannte Monde

RINGE:

Der Neptun hat 6 bekannte Ringe

ENTDECKUNG

Unter Verwendung der Vorhersagen des Astronomen Le Verrier entdeckte Johann Galle den Neptun im Jahr 1846. Er wollte den Planeten nach Le Verrier benennen, was von der astronomischen Gemeinschaft aber nicht akzeptiert wurde. Der Planet wurde schließlich nach Neptun, dem Gott des Meeres benannt.

LE VERRIER

UNGEWÖHNLICHE RINGE

Der Neptun hat sechs bekannte Ringe. Diese Ringe sind nicht gleichförmig, sondern bestehen aus Staubklumpen, die Ringbögen genannt werden. Von den Ringen wird angenommen, dass sie relativ jung und kurzlebig sind.

TRITON

Triton ist der größte der Neptun-Monde und das kälteste Objekt in unserem Sonnensystem. Er ist so kalt, dass der meiste Stickstoff als Frost kondensiert. Seine glänzende Oberfläche reflektiert 70 Prozent des Sonnenlichts.

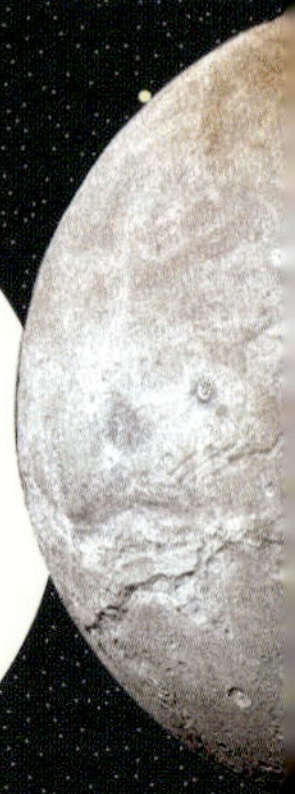

CHARON

Der Pluto hat einen sehr großen Mond mit dem Namen Charon, der beinahe seine halbe Größe einnimmt. Der 1978 entdeckte Mond ist so groß, dass Pluto und Charon manchmal als ein Doppel-Zwergplanet-System angeführt werden.

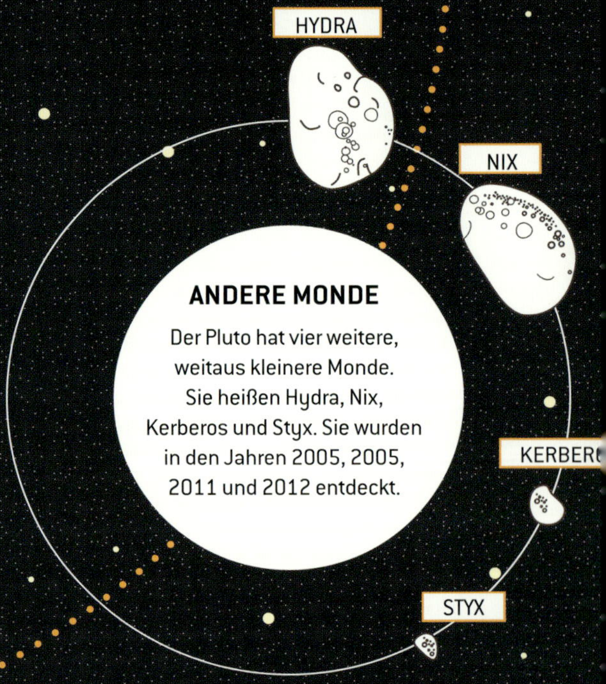

HYDRA

NIX

ANDERE MONDE

Der Pluto hat vier weitere, weitaus kleinere Monde. Sie heißen Hydra, Nix, Kerberos und Styx. Sie wurden in den Jahren 2005, 2005, 2011 und 2012 entdeckt.

KERBER(

STYX

ERFORSCHUNG

Die New Horizons der NASA war die erste Mission zur Erforschung des Kuiper-Gürtels, der Heimat der meisten Zwergplaneten. Die Sonde besuchte den Pluto im Juli 2015: es dauerte 9 Jahre, den Planeten von der Erde aus zu erreichen.

DER PLUTO

Der Pluto wurde 1930 von dem amerikanischen Astronomen Clyde Tombaugh entdeckt. Er ist ein Zwergplanet und gehört zu einer Gruppe von Objekten, die den Kuiper-Gürtel umrunden – die Transneptunische Objekte.

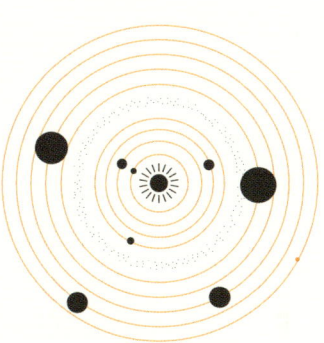

EIN NEU KLASSIFIZIERTER PLANET

Bis 2006 galt der Pluto als neunter Planet unseres Sonnensystems. Nach der Entdeckung ähnlicher Welten entschlossen sich die Wissenschaftler, die Definition von Planet zu überarbeiten. Aufgrund seiner Größe und seines schwachen Gravitationsfeldes wurde Pluto als Zwergplanet neu klassifiziert.

WINZIGER PLUTO

Der Durchmesser des Pluto beträgt ungefähr zwei Drittel des Erdmonddurchmessers. Der Kern ist wahrscheinlich aus Gestein, umgeben von einem Mantel aus Wassereis. Die Schwerkraft des Pluto ist extrem niedrig, ungefähr ein Sechstel der Schwerkraft der Erdes.

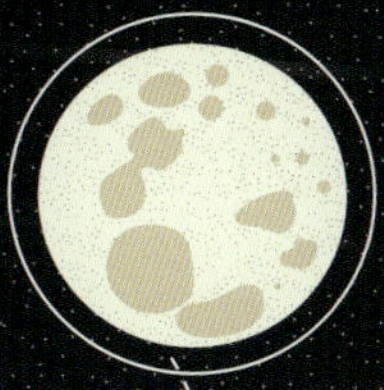

ERDMOND

PLUTO

ERDE

NAMENSHERKUNFT:

Pluto erhielt seinen Namen nach dem römischen Gott der Unterwelt

DURCHMESSER:

2.374 km, ungefähr 2/3 des Durchmessers des Erdmonds

TEMPERATUR:

-235 °C an der Oberfläche

ATMOSPHÄRE:

Stickstoff, Methan und Kohlenmonoxid

PLANETENTYP:

Zwergplanet

MONDE:

Der Pluto hat 5 Monde

RINGE:

Der Pluto hat keine Ringe

MONDE UND RINGE

MERKUR

VENUS

JUPITER

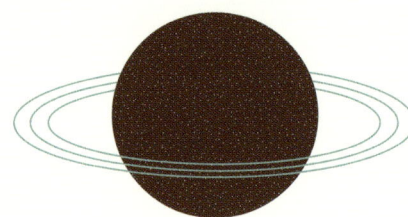

67 Monde, 3 Ringe

URANUS

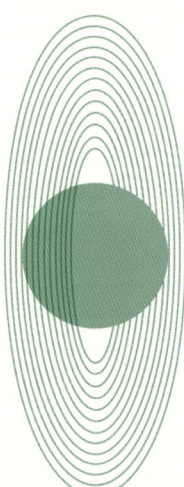

27 Monde, 13 Ringe

ERDE

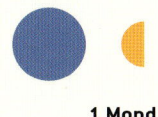

1 Mond

MARS

2 Monde

SATURN

62 Monde, 7 Ringe

NEPTUN

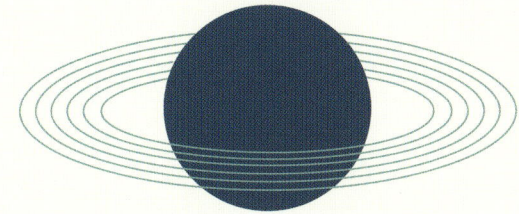

13 Monde, 6 Ringe

PLUTO

5 Monde

PLANETARISCHE ENTFERNUNGEN

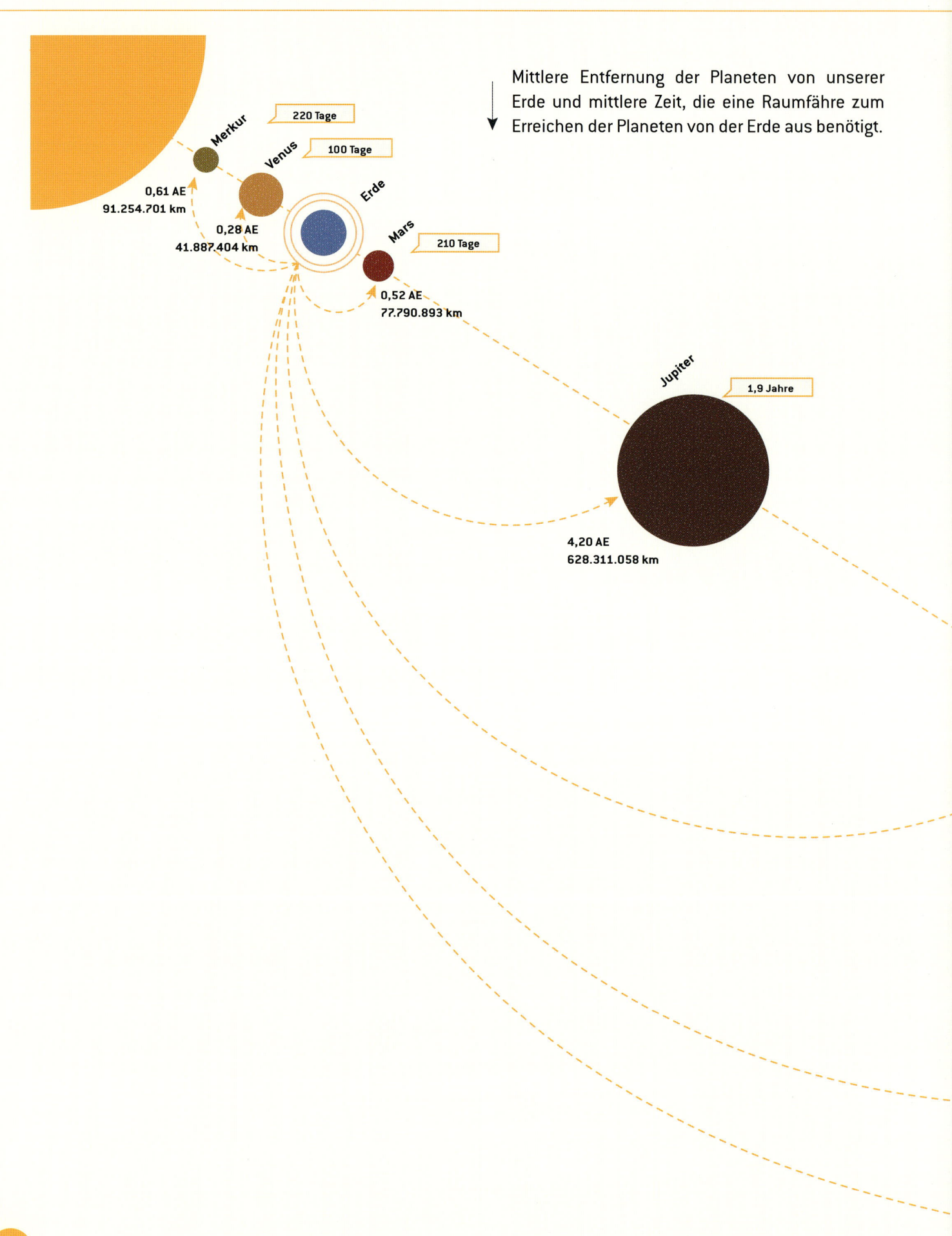

Merkur

220 Tage

Venus

100 Tage

0,61 AE
91.254.701 km

0,28 AE
41.887.404 km

Erde

Mars

210 Tage

0,52 AE
77.790.893 km

Mittlere Entfernung der Planeten von unserer Erde und mittlere Zeit, die eine Raumfähre zum Erreichen der Planeten von der Erde aus benötigt.

Jupiter

1,9 Jahre

4,20 AE
628.311.058 km

Stelle dir vor, es gäbe eine Raumfähre, die in der Lage wäre, zu jedem Planeten des Sonnensystems zu reisen. Wie lange würde es dauern, jeden Planeten von der Erde aus zu erreichen? Es würde von vielen Faktoren abhängen, wie der Startgeschwindigkeit und der angenommenen Flugbahn. Die Zeitdauer bis zum Erreiche des Ziels würde auch davon abhängen, ob das Raumschiff einfach nur einen Vorbeiflug unternehmen oder in die Umlaufbahn eines anderen Planeten eintreten soll.

Im zweiten Fall würde sich die Zeit verdoppeln oder sogar verdreifachen. Auf dieser Seite gehen wir von der einfachsten Annäherung aus und setzen die mittlere Entfernung zwischen der Erde und den Planeten an.

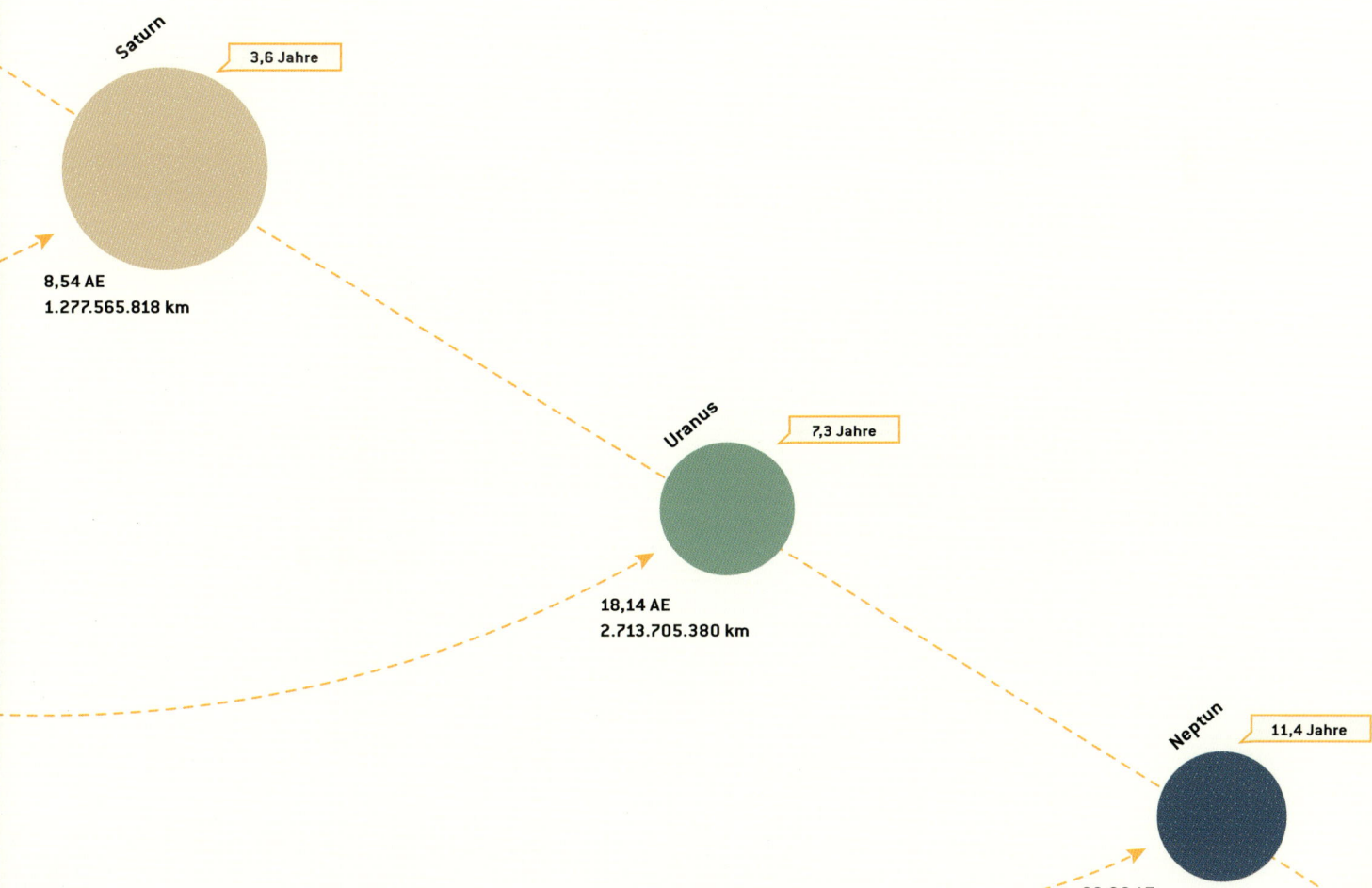

Saturn

3,6 Jahre

8,54 AE
1.277.565.818 km

Uranus

7,3 Jahre

18,14 AE
2.713.705.380 km

Neptun

11,4 Jahre

29,06 AE
4.347.314.131 km

UNSERE GALAXIE, DIE MILCHSTRAßE

Das Sonnensystem mag uns groß erscheinen, aber es ist nur ein winziger Teil einer riesigen Galaxie – der Milchstraße. Unsere Sonne ist nämlich nur ein von mindestens 100 Milliarden Sternen in der Milchstraße, einer Spiralgalaxie von zirka 100.000 Lichtjahren Breite.

Die Sterne sind auf einem Windmühlenmuster mit vier Hauptarmen angeordnet, und wir leben bei ungefähr zwei Drittel der Strecke hinauf zu einem von diesen. Wie andere Spiralgalaxien hat die Milchstraße eine Wölbung (Bulge), eine Scheibe und einen Halo, die verschiedene Objekte enthalten. Der Halo und der zentrale Bulge enthalten alte Sterne. Die Scheibe ist mit Gas, Staub und jungen Sternen gefüllt. Unsere Sonne ist ein recht junger Stern, nur 5 Milliarden Jahre alt. Die Milchstraße-Galaxie ist mindestens 5 Milliarden Jahre älter.

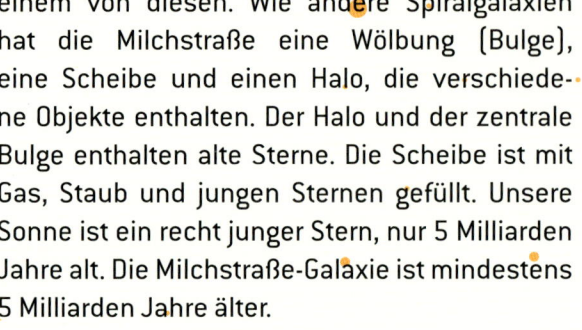

WIE VIELE STERNE?

Auch wenn wir die Sterne in einer Galaxie eigentlich nicht zählen können, kann die Anzahl der Sterne grob auf 100.000.000.000 geschätzt werden.

PERSEUS-ARM

ÄUßERER ARM

UNSERE SONNE

KARTOGRAFIEREN EINER GALAXIE

Die Erstellung einer Sternenkarte der Milchstraße von der Erde aus ist sehr schwierig. Staubwolken durchdringen unsere Galaxie und versperren den Blick auf die Sterne. Die Astronomen habe heutzutage eine recht gute Karte der Spiralstruktur unserer Galaxie. Aber genauso wie es frühe Forscher beim Betreten eines neuen Territoriums taten, füllen sie weiter geduldig die Leerstellen.

EINE SAGENHAFTE GALAXIE

In der griechischen Mythologie kommt die Milchstraße von der Milch, die aus Heras Brust tritt, als sie sich weigert, ihr Baby Herakles zu stillen. Von der Erde aus gesehen erinnert die Galaxie an ein Band aus milchigem, hell leuchtendem Licht über schwarzem Hintergrund.

WO DIE STERNE GEBOREN WERDEN

Die Arme unserer Galaxie sind mit Gas und Staub gefüllt, den Bestandteilen von Sternen. Dort werden die meisten Sterne in der Galaxie geboren.

ZENTRALES SCHWARZES LOCH

SCUTUM-CENTAURUS-ARM

SAGITTARIUS-ARM

SUPERMASSEREICHES SCHWARZES LOCH

Alle Sterne in der Milchstraße umkreisen ein supermassereiches Schwarzes Loch, das geschätzt 4 Millionen Mal massenreicher als unsere Sonne ist.

ZUSAMMENFASSUNG DES WELTRAUMS

Obwohl unsere Galaxie eine unfassbare Anzahl Sterne enthält, ist sie nur ein winziger Teil des Universums. Die Milchstraße gehört zur Lokalen Gruppe, einer Nachbarschaft bestehend aus mehr als 54 Galaxien, die durch Gravitation aneinander gebunden sind. Abgesehen von unserer Galaxie ist die massenreichste in dieser Gruppe Andromeda, die offenbar dazu bestimmt ist, in 4 Milliarden Jahren mit der Milchstraße zusammenzustoßen.

WIE VIELE FORMEN?

Wissenschaftler haben errechnet, dass es mindestens 100 Milliarden Galaxien im beobachtbaren Universum gibt, jede davon voller Sterne. Galaxien haben verschiedene Größen und Formen.

SPIRALGALAXIE

Scheibenförmige Galaxien mit einem runden zentralen Drehpunkt. Sie rotieren mit Spiralarmen, die interstellaren Staub und Gas enthalten.

ELLIPTISCHE GALAXIE

Dies ist der am weitesten verbreitete Art von Galaxie mit minimaler Sternebildung und wenig Struktur, wo alte Sterne sehr zahlreich sind.

KUGELGALAXIEN

Galaxien von geringer Leuchtkraft, im Aussehen ähnlich zu elliptischen Zwerggalaxien, aber ungefähr von der Form einer Kugel.

IRREGULÄRE GALAXIEN

Wahrscheinlich das Ergebnis einer Kollision von Galaxien. Sie enthalten eine komplexe Mischung aus interstellarem Gas und Staub, alten und jungen Sternen.

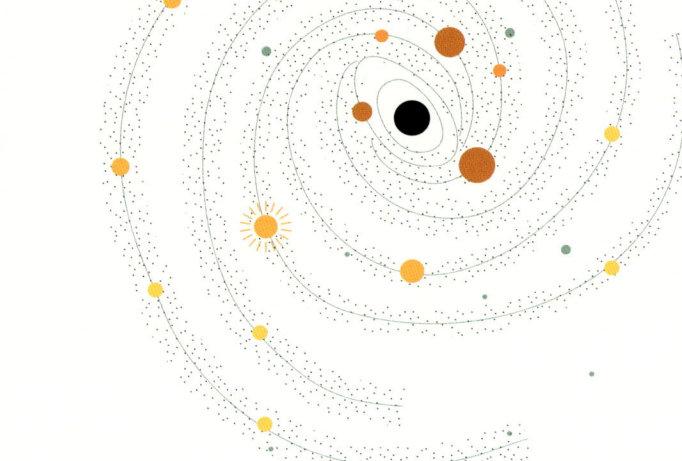

MILCHSTRAßE

Es ist die zweitgrößte Galaxie in der Lokalen Gruppe.

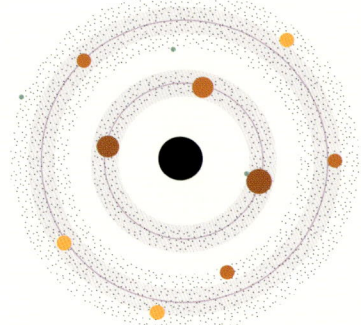

DRACO-ZWERGGALAXIE

Die Draco-Zwerggalaxie ist eine Kugelgalaxie und eine Satellitengalaxie der Milchstraße.

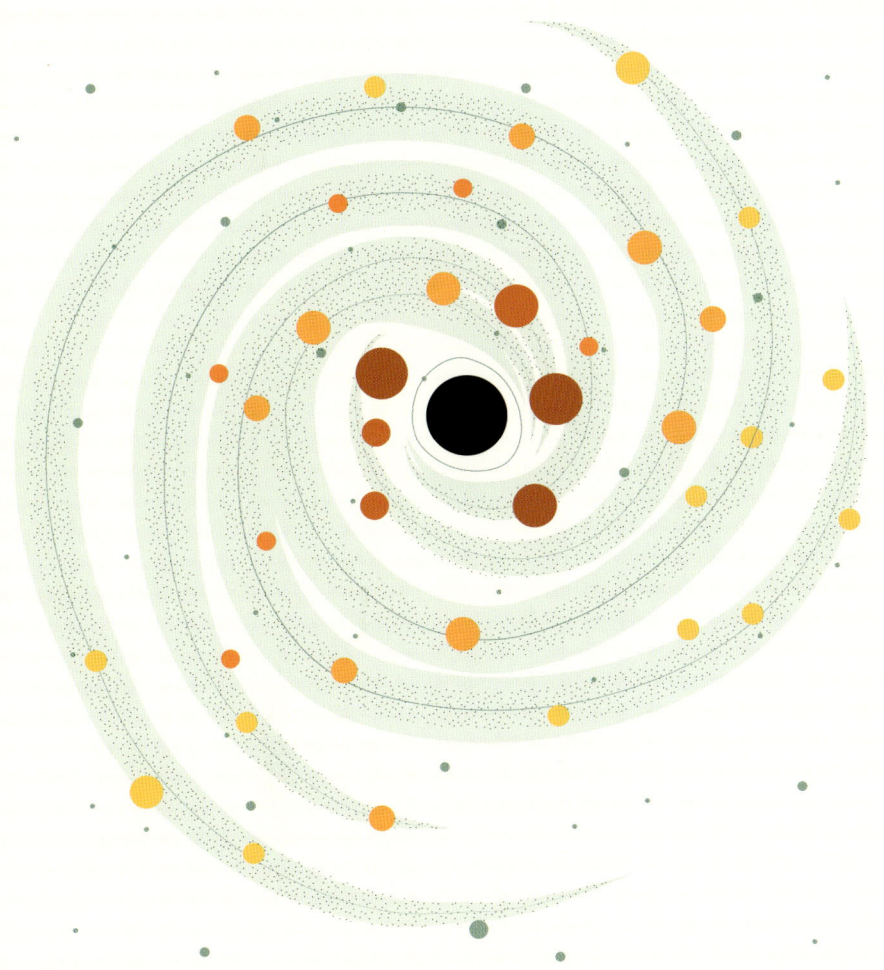

ANDROMEDA

Die Andromeda-Galaxie ist eine Spiral-Galaxie und die der Milchstraße am nächsten gelegene Hauptgalaxie. Ihr Name kommt von dem Bereich des Himmels, in dem die Andromeda-Konstellation liegt. Die Galaxie enthält mindestens eine Milliarde Sterne, zweimal die Anzahl Sterne in der Milchstraße. Es ist die größte Galaxie in der Lokalen Gruppe.

MESSIER 32

Messier 32 ist eine elliptische Zwerggalaxie und eine Satellitengalaxie der Andromeda-Galaxie.

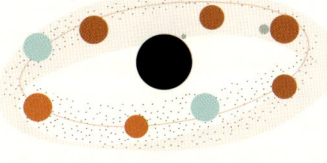

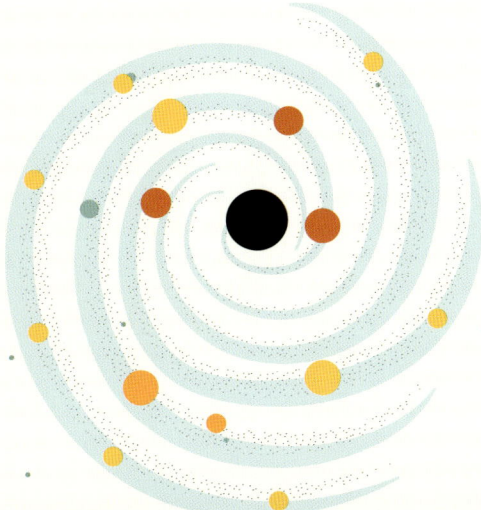

DREIECKSNEBEL

Der Dreiecksnebel ist eine Spiralgalaxie in der Konstellation von Triangulum. Es ist das drittgrößte Mitglied der Lokalen Gruppe.

ANDERE SONNEN

Eine Sonne ist ein Stern, eine Kugel aus Wasserstoff und Helium mit ausreichend Masse für eine Kernfusion in seinem Innern. Unsere Sonne ist sehr groß im Vergleich zur Größe der Erde, aber extrem klein im Verhältnis zu anderen Sonnen, die das Universum kolonisieren. Sterne gibt es in vielen Größen, Farben und Varianten: ein roter Stern ist kälter als ein weißer Stern, und ein weißer Stern ist kälter als ein blauer Stern.

ROTE RIESEN

Alternde Sterne werden zu roten Riesen und können hundertmal größer werden als sie in ihrer Frühphase waren. Die Rotsternphase eines Sternenlebens dauert einige hundert Millionen Jahre. Dann geht der Wasserstoff zu Ende, und der Stern wird zum weißen Zwergstern.

WEIßE ZWERGE

Wenn der Wasserstoff im Kern eines Sterns vollständig verbraucht ist, entsteht ein weißer Zwergstern. Ein weißer Stern scheint noch, aber es kommt zu keinen Kernfusionen mehr.

Unsere Sonne ist ein gelber Zwergstern, möglicherweise 4,6 Milliarden Jahre alt.

SONNE SIRIUS POLLUX   ARKTUR   RIGEL   ALDEBARAN

HYPERRIESEN

Die größten Sterne im Universum werden Hyperriesen genannt. Diese Riesen haben eine dutzend Mal größere Masse als die Sonne. Hyperriesen leben schnell und sterben jung.

BETELGEUSE

ANTARES

SCHWERKRAFT

Ein Schwarzes Loch kann aufgrund der starken Schwerkraft, die jegliches Licht in sein Inneres zieht, nicht gesehen werden. Die Wissenschaftler können die Löcher jedoch anhand der Auswirkungen ihrer Schwerkraft auf die sie umgebenden Sterne und Gase untersuchen.

DAS GALAXIEN-ZENTRUM

Wissenschaftler glauben, dass jede große Galaxie ein supermassenreiches Schwarzes Loch in ihrem Zentrum hat. Das supermassenreich Schwarze Loch im Zentrum der Milchstraße wird Sagittarius A genannt, und seine Masse ist gleich der Masse von vier Millionen Sonnen.

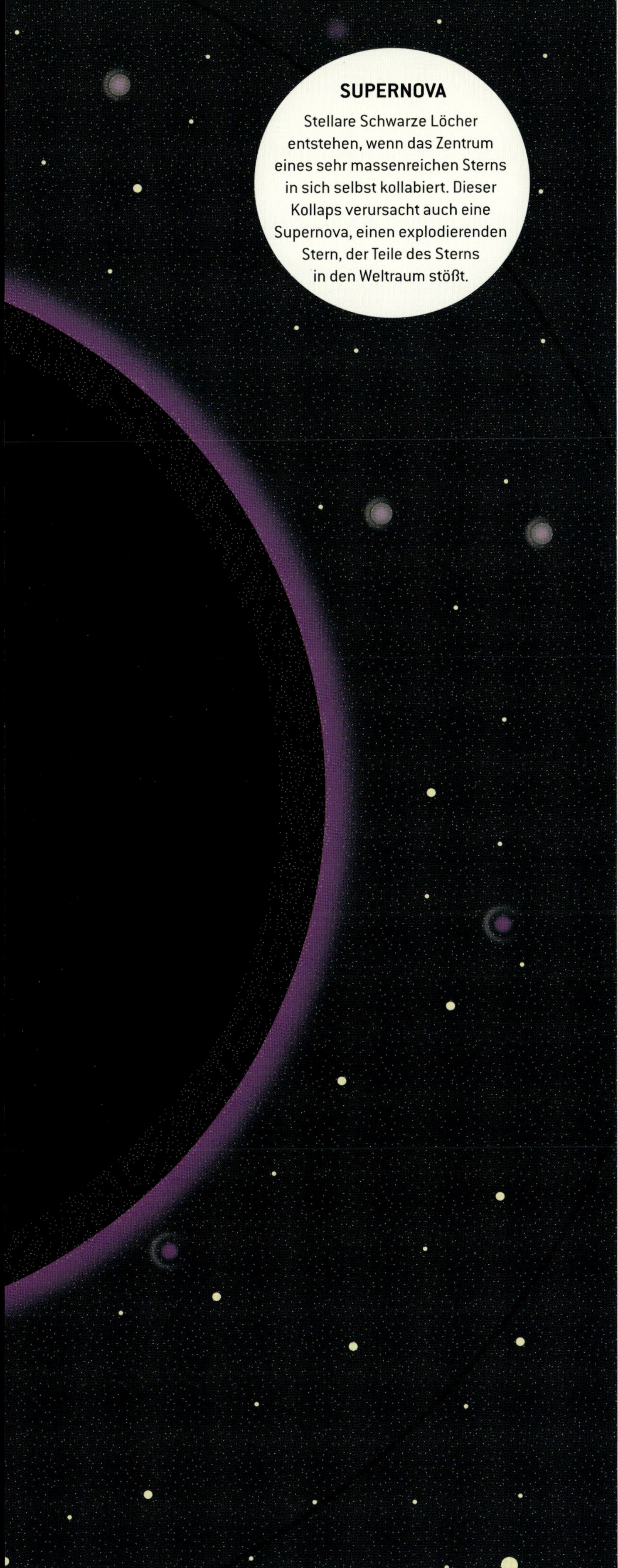

SUPERNOVA

Stellare Schwarze Löcher entstehen, wenn das Zentrum eines sehr massenreichen Sterns in sich selbst kollabiert. Dieser Kollaps verursacht auch eine Supernova, einen explodierenden Stern, der Teile des Sterns in den Weltraum stößt.

SCHWARZE LÖCHER

Ein schwarzes Loch ist ein Ort im Weltraum, an dem die Schwerkraft so stark anzieht, dass sogar Licht nicht hinausgehen kann. Die Schwerkraft ist so stark, weil die Materie in einen winzigen Raum gedrängt wurde. Dazu kann es kommen, wenn ein Stern stirbt.
Da kein Licht hinausgehen kann, können Schwarze Löcher nicht gesehen werden: sie sind unsichtbar. Spezielle Raumteleskope können dabei helfen, Schwarze Löcher zu finden, indem Sterne gesehen werden, die sehr nah zu Schwarzen Löchern liegen und sich anders als andere Sterne verhalten.

TYPEN VON SCHWARZEN LÖCHERN

Schwarze Löcher können in einem weiten Bereich von Größen auftreten. Es können jedoch drei Haupttypen nach ihrer Masse und Größe identifiziert werden.

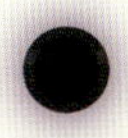

SCHWARZE MIKRO-LÖCHER

Entstanden während des Urknalls

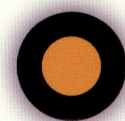

STELLARE SCHWARZE LÖCHER

Entstanden aus einem sterbenden massereichen Stern

SUPERMASSEREICHE SCHWARZE LÖCHER

Wahrscheinlich entstanden aus einer Massenzusammenballung

LANGSAME UMLAUFBAHNEN

Kometen umrunden die Sonne wie Planeten. Eine vollständige Umrundung der Sonne kann jedoch hunderte oder sogar Millionen von Jahren dauern.

STERNREGEN

Einige Kometen kommen nahe genug, um von der Erde aus gesehen zu werden. Wenn der Schweif eines Kometen passiert die Erde, sehen wir einen Meteorregen.

WO KOMETEN HERKOMMEN?

Die meisten Kometen stammen aus dem den Pluto umgebenden staubigen Eisbereich mit der Bezeichnung Kuiper-Gürtel.

KOMETEN

Kometen sind kosmische Schneebälle aus gefrorenem Gas, Gestein und Staub, die ungefähr die Größe einer Kleinstadt haben. Wenn die Umlaufbahn eines Kometen in die Nähe der Sonne gerät, wird der Komet erhitzt und stößt Staub und Gase in einem gigantischen glühenden Kopf aus, der größer als die meisten Planeten ist. Staub und Gase formen einen Schweif, der sich Millionen von Kilometern von der Sonne ausdehnt.

FASZINIERENDE GEHEIMNISSE
Kometen sind geheimnisvoll. Wissenschaftler halten es für möglich, dass sie uns die Geheimnisse über die Ursprünge des Sonnensystems verraten können

Die Bezeichnung Komet stammt aus dem griechischen Wort „kometes", was langes Haar bedeutet, ein Verweis auf ihre, glänzenden und faszinierenden Schweife.

DER HALLEYSCHE KOMET

Der Halleysche Komet ist der bekannteste Komet im Sonnensystem. Als periodischer und kurzzeitiger Komet hat er eine Umlaufzeit von weniger als 200 Jahren und wurde daher im Laufe der Jahrhunderte mehr als einmal von Menschen beobachtet.

Seine Erscheinung am Himmel über der Erde wurde schon in der Antike bemerkt und wurde von vielen Kulturen mit sowohl guten als auch schlechten Vorzeichen verbunden. Da der Komet jahrhundertelang verfolgt wurde, sind seine Besuche vollkommen vorhersehbar geworden.

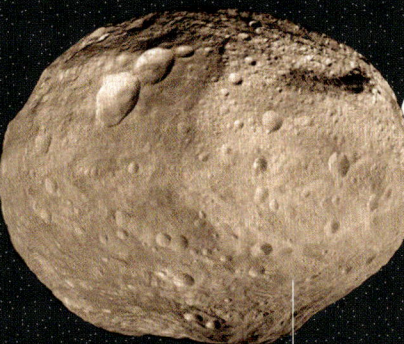

WELTRAUMFELSEN

Vesta ist der größte bekannte Asteroid mit einem Durchmesser von 530 km. Asteroiden kommen in verschiedenen Größen vor: manche Körper haben einen Durchmesser von weniger als 10 m.

VESTA

ASTEROIDENNAMEN

Asteroiden werden nach einer Vielzahl von Dingen, von realen oder fiktiven Orten (Atlantis, Utopia) bis hin zu Göttern und Berühmtheiten benannt. Es gibt Riesenweltraumfelsen, die ihren Namen nach Mr. Spock aus dem Raumschiff Enterprise, nach dem Sänger Stevie Wonder, der Schauspielerin Marilyn Monroe und Philosophen wie Platon und Kant erhielten.

GALILEO

ASTEROIDEN-MONDE

Mehr als 150 Asteroiden sind bekannt dafür, einen kleinen Satelliten als Begleite und in manchen Fällen sogar kleine Monde zu haben.

ASTEROIDEN

Asteroiden werden zuweilen als kleinere Planeten bezeichnet und sind Gesteinsreste aus der Frühzeit des Sonnensystems. Die meisten Asteroiden im Weltraum umkreisen die Sonne zwischen Mars und Jupiter innerhalb des Asteroidengürtels.

ROLLENDE WELTRAUMSTEINE

Die meisten Asteroiden haben eine unregelmäßige Form und weisen oft Löcher sowie Krater auf. Bei ihrer Umrundung der Sonne auf elliptischen Umlaufbahnen rotieren sie auch und rollen dabei manchmal.

ASTEROIDENTYPEN

Neben den Asteroiden, die innerhalb des Asteroidengürtels gefunden werden können, haben Astronomen weitere Asteroiden nach ihrem Verhalten und ihrer Herkunft klassifiziert.

MISSIONEN

Verschiedene Missionen unternahmen Vorbeiflüge und beobachteten Asteroiden. Die Raumsonde Galileo flog 1991 am Asteroiden Gaspra und 1993 am Asteroiden Ida vorbei. Die Mission Rosetta begegnete 2008 dem Asteroiden Steins und 2010 dem Asteroiden Lutetia.

TROJANER

Diese Asteroiden teilen eine Umlaufbahn mit einem größeren Planeten, kollidieren aber nicht mit diesem. Die Jupiter-Trojaner bilden die wichtigste Kolonie trojanischer Asteroiden.

ROSETTA

ŠTEINS

ERDNAHE ASTEROIDEN

Diese Objekte haben Umlaufbahnen in der Nähe der Erdumlaufbahn. Asteroiden, die tatsächlich die Erdbahn kreuzen, werden als Erdbahnkreuzer bezeichnet.

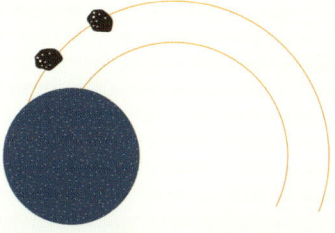

LUTETIA

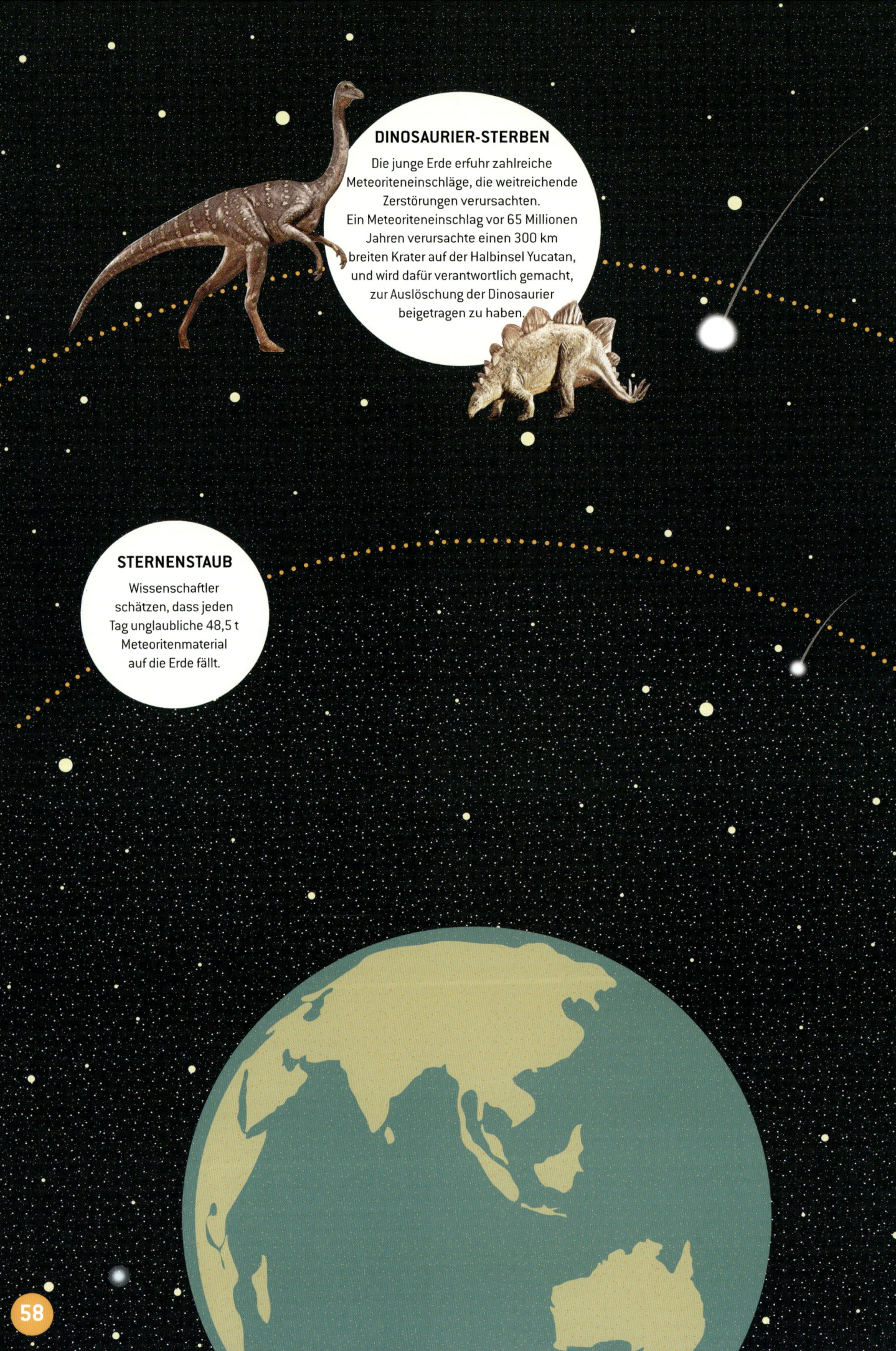

DINOSAURIER-STERBEN

Die junge Erde erfuhr zahlreiche Meteoriteneinschläge, die weitreichende Zerstörungen verursachten. Ein Meteoriteneinschlag vor 65 Millionen Jahren verursachte einen 300 km breiten Krater auf der Halbinsel Yucatan, und wird dafür verantwortlich gemacht, zur Auslöschung der Dinosaurier beigetragen zu haben.

STERNENSTAUB

Wissenschaftler schätzen, dass jeden Tag unglaubliche 48,5 t Meteoritenmaterial auf die Erde fällt.

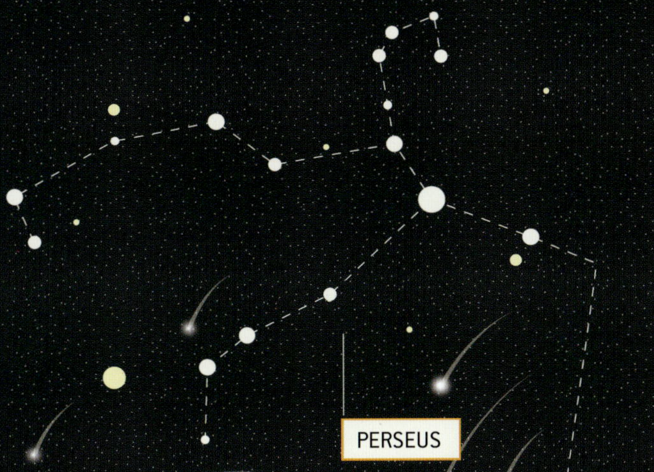

METEORE UND METEORITEN

Kleine Gesteinsbrocken und Bruchstücke im Weltraum werden Meteoroide genannt. Sie werden zu Meteoren oder Sternschnuppen, wenn sie durch die Atmosphäre eines Planeten fallen. Dabei hinterlassen sie einen hellen Schweif, da sie durch die Reibung der Atmosphäre bis zum Entzünden erhitzt werden. Teile, welche die Reise überleben und auf der Erde einschlagen, werden Meteoriten genannt.

METEORITENTYPEN

Es gibt drei Haupttypen von Meteoriten: Eisenmeteoriten, Steinmeteoriten und Steinmeteoriten. Der größte Teil der auf die Erde fallenden Meteoriten ist aus Stein.

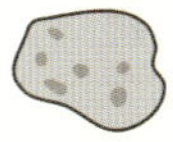

EISENMETEORITEN

Sie entstammen dem Innern von Planeten

STEINMETEORITEN

Bestehen hauptsächlich aus Silikatgestein

STEIN-EISEN-METEORITEN

Bestehen aus meteorischem Eisen und Silikatgestein

PERSEUS

METEORSTRÖME

Jedes Jahr sind ungefähr 30 Meteorströme von der Erde aus sichtbar. Meteorströme werden nach der Konstellation benannt, in der sie zu entstehen scheinen. Die Perseiden wurden nach Perseus, einem der größten griechischen Helden, benannt. Die Perseiden kehren jedes Jahr im August wieder und wurden zum ersten Mal vor 2000 Jahren beobachtet.

FARBENPRÄCHTIGE BRUCHSTÜCKE

Meteoren werden zuweilen mit roten, gelben oder grünen Spuren beobachtet. Die Farben werden verursacht durch die Ionisierung von Molekülen beim Verbrennen in der Atmosphäre.

WASSER IM WELTRAUM

Die Weltraumforschung hat gezeigt, dass das Sonnensystem reich an Wasser ist. Wissenschaftler haben herausgefunden, dass einige der Monde der Riesenplaneten (Jupiter, Saturn, Uranus und Neptun) Ozeane unter einem Eispanzer verbergen. Von der Erde, die selbst eine Ozeanwelt ist, wissen wir, dass dort, wo Wasser ist, ein Potential für Leben existiert. Könnten die fremden gefrorenen Ozeane des äußeren Sonnensystems unbekannte Lebensformen beherbergen? Die NASA plant neue Weltraummissionen, um eine Antwort auf diese Frage zu finden.

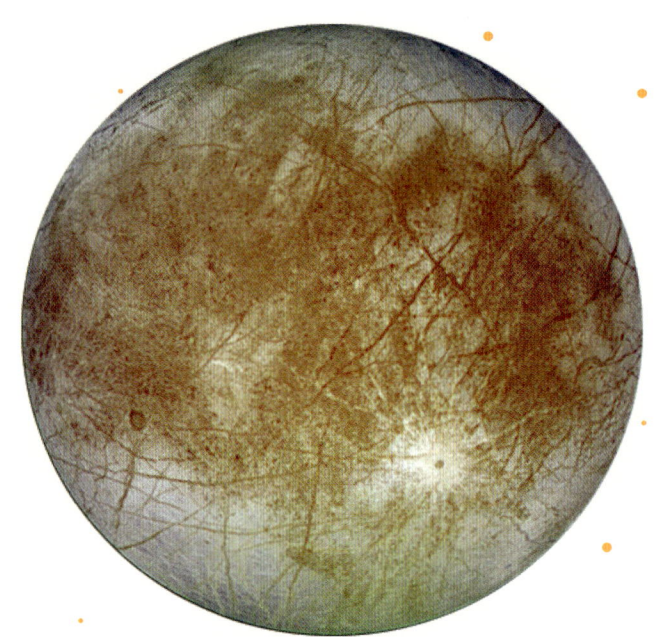

EUROPA

Der kleinste der Galileischen Monde des Jupiter. Unter der Eiskruste von Europa wird ein Salzwasserozean vermutet.

Durchmesser: **3.121,6 km**
Oberflächentemperatur: **-171 °C**

 **UMRUNDET DEN JUPITER**

ENCELADUS

Ein globaler Ozean tief unter der Oberfläche dieses Saturn-Mondes nährt Materialstrahlen, die von der Oberfläche des Mondes in den Weltraum sprühen.

Durchmesser: **504,2 km**
Oberflächentemperatur: **-198 °C**

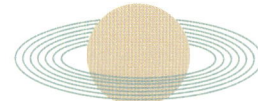 **UMRUNDET DEN SATURN**

TITAN

Der größte Mond des Saturn könnte einen unterirdischen Ozean haben, der möglicherweise so salzhaltig wie das Tote Meer auf der Erde ist.

Durchmesser: **5.149,4 km**
Oberflächentemperatur: **-179 °C**

UMRUNDET DEN SATURN

TRITON

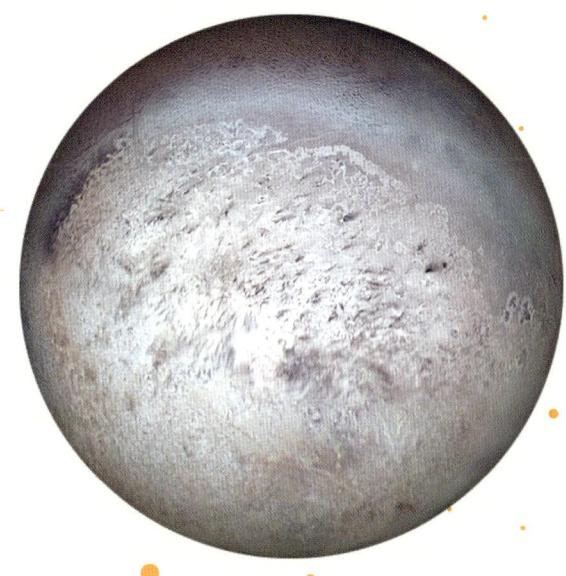

Der Neptun-Mond zeigt Anzeichen für einen Ozean unter seiner Oberfläche. Mit seinen Stickstoff ausstoßenden Geysiren ist er eine der aktivsten Welten des äußeren Sonnensystems.

Durchmesser: **2.706,8 km**
Oberflächentemperatur: **-235 °C**

UMRUNDET DEN NEPTUN

DIE INTERNATIONALE RAUMSTATION

Die Internationale Raumstation ist ein sehr großes Raumfahrzeug, dass seine Umlaufbahn 330 km über der Erde hat. Es dient als Wohnung für die Astronauten während ihrer Missionen sowie ein wissenschaftliches Labor, das in Zusammenarbeit zwischen vielen Ländern genutzt wird.

Die Raumstation besteht aus vielen Teilen, die von Astronauten im Weltraum zusammengesetzt wurden. Das erste Teil wurde 1998 durch eine russische Rakete auf den Weg gebracht. Die erste Mannschaft, die einen Langzeitaufenthalt absolvierte, traf im Jahr 2000 ein. Die Astronauten benutzen sie, um etwas über das Leben und Arbeiten im Weltraum zu lernen.

EINE WOHNUNG FÜR ASTRONAUTEN

Die Raumstation hat im Innern die Größe eines Hauses mit fünf Schlafzimmern. Sie hat zwei Badezimmer, eine Turnhalle und ein Panoramafenster. Gewöhnlich sind stets drei bis sechs Mannschaftsmitglieder anwesend, es können aber bis zu acht sein.

Die Reise zur Raumstation dauert nur sechs Stunden einfach und erfolgt im russischen Raumschiff Sojus.

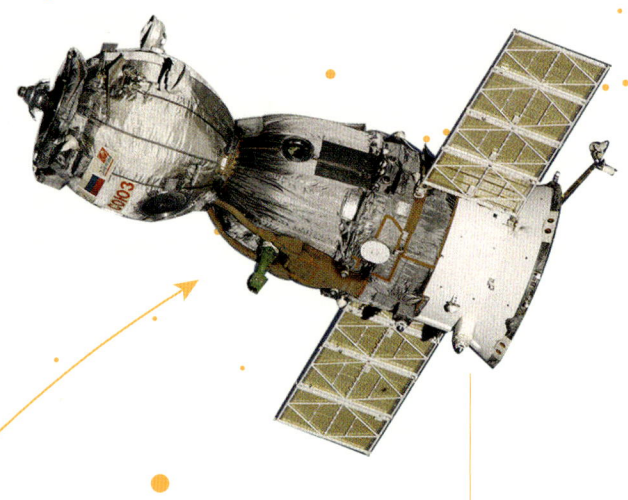

SOJUS

LABORE

An der Internationalen Raumstation sind sechzehn Länder beteiligt. Die Labore in der Station sind je nach den Nationen, die in ihnen arbeiten, in vier Blöcke unterteilt.

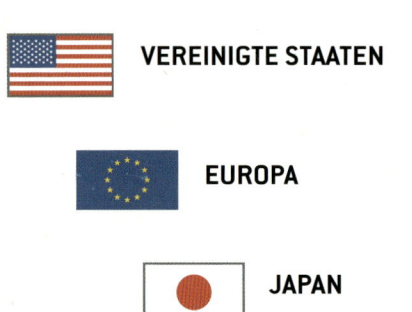

VEREINIGTE STAATEN

EUROPA

JAPAN

RUSSLAND

TAG UND NACHT

Die Internationale Raumstation umrundet die Erde einmal alle 90 Minuten, was bedeutet, dass die Sonne für die Mannschaft an einem Tag 16-mal auf- und untergeht.

SOLARZELLEN

Speichern Energie von der Sonne und wandeln Sonnenlicht in Elektrizität um.

ROBOTERARME

Halfen beim Aufbau der Raumstation und können die Astronauten nach außen bewegen und wissenschaftliche Experimente kontrollieren.

CUPOLA

Ein Observatorium mit sieben Fenstern, in dem die Astronauten den Blick in den Weltraum und die darunter liegende Erde genießen können.

DOCKING-PORTS

Türen, die es dem Besucherraumschiff erlauben, an die Raumstation anzukoppeln.

DER ALLTAG IM WELTALL

Astronauten im Weltraum machen die Erfahrung der fehlenden Schwerkraft. Dies bedeutet, dass sie in der Luft schweben können, ohne ihr Körpergewicht zu spüren. Dieses Gefühl kann mit Tauchen im Ozean verglichen werden: Haar bleibt gerade in der Luft, und es gibt kein „Oben" oder „Unten". Um sich im Raumschiff zu bewegen, stoßen sich die Astronauten selbst ab und fliegen sanft von einer Seite zur anderen.

MORGENROUTINE

Astronauten, die im Weltraum leben und arbeiten, folgen derselben Hygiene-Routine wie die Menschen auf der Erde, haben jedoch einige Sonderregeln zu befolgen. Astronauten waschen ihr Haar mit einem speziellen spülungsfreien Shampoo und nutzen das Badezimmer nach speziellen Regeln. Nach dem Zähneputzen schlucken sie die Zahnpasta normalerweise herunter oder spucken sie in Papier.

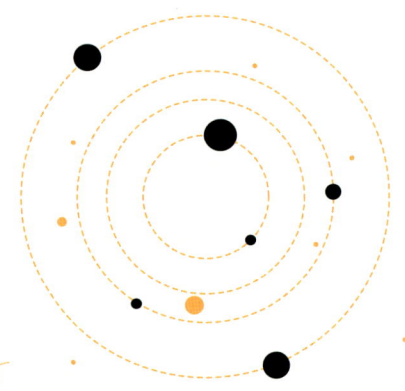

WELTRAUMEXPERIMENTE

Im Weltraum werden verschiedene Experimente durchgeführt: vom Pflanzenanbau bis zur Beobachtung von Ameisenkolonien und zum Testen von 3D-Drucken in der Schwerelosigkeit. Auch medizinische Experimente werden im Weltraum durchgeführt, hauptsächlich zur Untersuchung der Auswirkungen von Langzeitmissionen auf den menschlichen Körper.

ANGENEHME TRÄUME IM WELTRAUM

Aufgrund der Mikroschwerkraft im Raumschiff sind die Astronauten schwerelos und können in jeder Ausrichtung schlafen. Sie müssen sich anschnallen, damit sie nicht umherschweben oder in etwas fallen. Die Mannschaften von Raumstationen schlafen gewöhnlich in Schlafsäcken im Innern kleiner individueller Kabinen.

RAUMFREIZEIT

Auch Astronauten haben gerne Spaß. Ein sehr populärer Zeitvertreib während der Erdumrundung ist das Hinausschauen aus der Cupola. Sonnenauf- und -untergänge sind sehr spektakulär, sie finden oberhalb der Erdatmosphäre alle 45 Minuten statt. Die Mannschaftsmitglieder können an jedem Tag Filme anschauen, Musik spielen, Bücher lesen, Karten spielen und mit ihren Angehörigen auf der Erde sprechen.

TRINKEN IM WELTRAUM

Im Weltraum ausgegossenes Wasser fließt nicht nach unten, es verschmilzt in Blasen, die von den Astronauten zum Trinken aufgesogen werden können. Beim Zähneputzen verwenden die Astronauten eine kleine Wasserblase, die an ihrer Zahnbürste haftet.

DAUER DER MISSIONEN

Missionen auf der Internationalen Raumstation dauern in der Regel ungefähr sechs Monate. Sie können aber auch sehr viel länger sein: Ab dem Jahr 1994 verbrachte der russische Kosmonaut Waleri Poljakow 437 Tage im Weltraum während einer einzigen Mission.

KOSMONAUT
WALERI POLJAKOW

WELTRAUMNAHRUNG

Auf dem Raumschiff befindet sich eine Küche, in der die Astronauten ihre Mahlzeiten zubereiten können. Einige Nahrungsmittel wie Kekse oder Obst können in ihren natürlichen Formen gegessen werden. Andere Speisen wie Nudeln oder Rührei erfordern hingegen die Zugabe von Wasser. Salz und Pfeffer stehen nur in flüssiger Form zur Verfügung. Astronauten können keine Gewürze auf ihr Essen streuen, da diese davonfliegen und überallhin im Raumschiff gelangen würden.

WELTRAUMTRAINING

Training ist ein wichtiger Bestandteil der täglichen Routine für Astronauten an Bord der Station, um Knochen- und Muskelabbau vorzubeugen. Im Schnitt trainieren Astronauten zwei Stunden pro Tag. Die Ausrüstung, die sie verwenden, ist anders als die sonst übliche und muss speziell für den Einsatz im Weltraum ausgelegt werden.

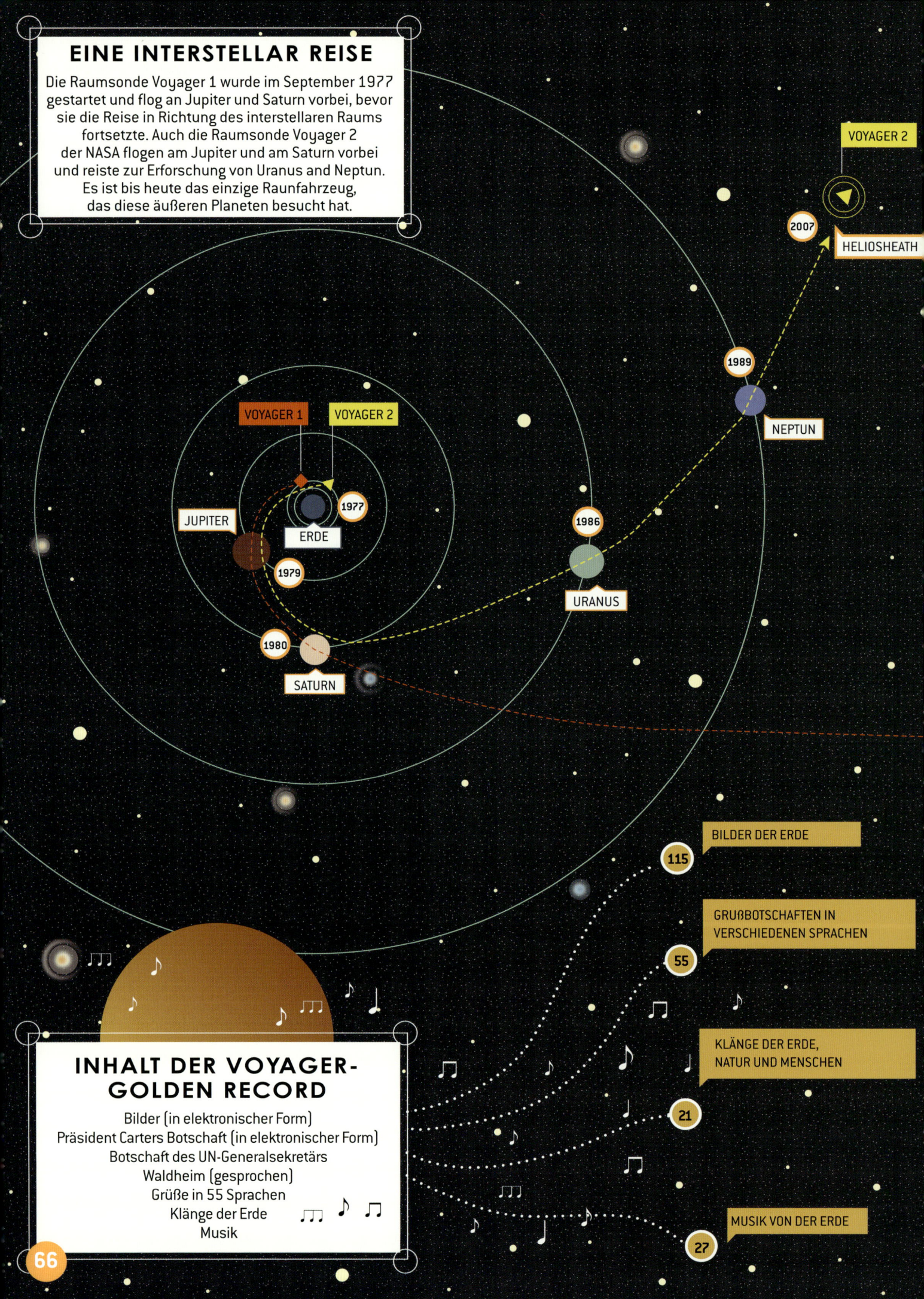

EINE INTERSTELLAR REISE

Die Raumsonde Voyager 1 wurde im September 1977 gestartet und flog an Jupiter und Saturn vorbei, bevor sie die Reise in Richtung des interstellaren Raums fortsetzte. Auch die Raumsonde Voyager 2 der NASA flogen am Jupiter und am Saturn vorbei und reiste zur Erforschung von Uranus and Neptun. Es ist bis heute das einzige Raunfahrzeug, das diese äußeren Planeten besucht hat.

VOYAGER 2

2007

HELIOSHEATH

1989

NEPTUN

VOYAGER 1   VOYAGER 2

JUPITER

ERDE

1977

1979

1986

URANUS

1980

SATURN

BILDER DER ERDE

115

GRUßBOTSCHAFTEN IN VERSCHIEDENEN SPRACHEN

55

KLÄNGE DER ERDE, NATUR UND MENSCHEN

21

MUSIK VON DER ERDE

27

INHALT DER VOYAGER-GOLDEN RECORD

Bilder (in elektronischer Form)
Präsident Carters Botschaft (in elektronischer Form)
Botschaft des UN-Generalsekretärs
Waldheim (gesprochen)
Grüße in 55 Sprachen
Klänge der Erde
Musik

VOYAGER

DER INTERSTELLAR RAUM

Wissenschaftler definieren den Anfang des interstellaren Raums als den Ort, wo das Magnetfeld der Sonne keine Wirkung mehr auf ihre Umgebung hat. Dieser Ort heißt Heliopause und markiert das Ende der von unserer Sonne geschaffenen Region und den Anfang eines Leerraums zwischen zwei Sternen.

VOYAGER 1

INTERSTELLARER RAUM

2012

Die Zwillingsraumsonde Voyager 1 und 2 wurde 1977 gestartet. Teil des Voyager-Programms war der Flug zum Jupiter und zum Saturn sowie die Untersuchung des äußeren Sonnensystems. Zurzeit sind die Voyager-Sonden die am weitesten von der Erde entfernten Raumschiffe. Sie forschen dort, wo kein von Menschen gemachtes Objekts jemals zuvor war. Auch nach mehr als 39 Jahren Reisen kommuniziert die Raumsonde immer noch mit dem Deep Space Network, um Routinebefehle zu erhalten und Daten zurückzuliefern. Im August 2012 trat Voyager 1 in den interstellaren Raum ein. Voyager 2 ist in den Heliosheath genannten äußeren Bereich der Heliosphäre eingetreten und ist dabei, das Sonnensystem zu verlassen.

VOYAGER SONDE

EINE BOTSCHAFT AN DEN KOSMOS

Die Raumsonden Voyager 1 und Voyager 2 haben eine sehr ehrgeizige Botschaft an Bord, die jeglicher extraterrestrischen Lebensform, die sie möglicherweise in ferner Zukunft liest, die Geschichte unserer Welt erzählen soll. Die Voyager-Botschaft ist auf einer Schallplatte aufgezeichnet, einer mit Gold beschichteten 30-cm-Kupferplatte. Sie enthält Aufzeichnungen von Klängen der Erde, Musik und Bilder, um die Vielfalt des Lebens und der Kultur auf der Erde zu porträtieren sowie eine Grußbotschaft vom US-Präsidenten James Earl Carter an den Kosmos.

WELTRAUMGLOSSAR

A

ASTEROID

Kleiner felsiger Himmelskörper. Asteroiden werden meistens in der Region zwischen den Umlaufbahnen von Mars und Jupiter gefunden. Es wird angenommen, dass es sich um Gesteinsbrocken aus der Zeit der Entstehung des Sonnensystems handelt, die niemals in einen einzelnen Planeten verschmolzen.

ASTEROIDENGÜRTEL

Der Asteroidengürtel liegt zwischen den Umlaufbahnen von Mars und Jupiter. Er trennt die inneren erdähnlichen Planeten von äußeren Gas- und Eisriesen. Er besteht aus hunderttausenden von Felsen und Bruchstücken, die eingefangen in der Schwerkraft der Sonne rotieren. Der größte Himmelskörper des Gürtels ist Ceres, ein Zwergplanet mit einem Durchmesser gleich einem Viertel von dem des Mondes.

ASTROBIOLOGIE (EXOBIOLOGIE)

Dabei handelt es sich um einen Zweig der Biologie, dessen Ziel die Suche und Erforschung extraterrestrischer Lebensformen ist.

ASTRONAUT

Jedermann, der an Bord eines Raumfahrzeugs oder eines Raumschiffs den Weltraum bereist.

ATMOSPHÄRE

Gasförmige Hülle, die einen Planeten umgibt.

G

GALAXIE

Eine große durch Schwerkraft gebundene Ansammlung von Sternen, Systemen, Gas und Staub. Galaxien werden entsprechend ihrer Größe (ausgehend von Zwerggalaxien mit einigen dutzend Millionen Sternen bis hin zu Riesengalaxien mit Milliarden von Sternen) und ihrer Form (spiralförmig, elliptisch, kugelförmig oder irregulär).

K

KOMET

Ähnlich wie beim Asteroiden handelt es sich um einen relativ kleinen Körper, der im Wesentlichen aus gefrorenen Gasen, Gestein und Straub besteht. Wenn ein Komet auf seiner Umlaufbahn der Sonne nahe kommt, beginnt er, Gas und Staub auszustoßen und erzeugt einen langen Schweif, der mehrere Millionen Kilometer lang sein kann.

KUIPER-GÜRTEL

Scheibenförmige Region unseres Sonnensystems, ähnlich dem Asteroidengürtel (aber 20-mal größer). Sie liegt jenseits der Umlaufbahn des Neptun in einer Entfernung von 30 bis 55 AE von der Sonne. Dazu gehören kleine Körper bestehend aus Eisstoffen (wie Wasser, Ammoniak und Methan). Zum Gürtel gehören Kometen, Zwergplaneten und hunderttausende von Objekten mit einem Durchmesser von mehr als 100 km.

L

LANDER (LANDEFAHRZEUG)

Für die weiche Landung auf einem Himmelskörper ausgelegtes Raumfahrzeug.

M

METEOROID (METEORIT)

Loser Gesteinsbrocken im Weltraum. Wenn ein Meteoroid in die Atmosphäre eines Planeten eintritt, beginnt er zu leuchten aufgrund der Reibung mit ihr und hinterlässt einen glühenden Schweif: dies ist ein Meteor (auch „Sternschnuppe" genannt). Wenn ein Meteor auf der Erde einschlägt, nimmt er die Bezeichnung Meteorit an. Die Masse eines Meteoriten ist stark variabel und geht von einigen Gramm bis zu mehreren Tonnen.

MOND

Der einzige natürliche Satellit der Erde, umrundet unseren Planeten mit 384.400 km. Der Erde zeigt er stets dieselbe Seite, sodass das verborgene Gesicht ein Geheimnis bis zu Beginn des Weltraumforschungszeitalters war. Wir nennen jeden natürlichen Satelliten, der einen Planeten umrundet, „Mond".

MONDLANDUNG

Das Aufsetzen eines Fahrzeugs auf dem Mond. Es kann eine *weiche* Landung sein, wenn das Aufsetzen des Fahrzeugs gebremst und durch Raketen kontrolliert wird, sodass es intakt landet, oder *hart*, wenn das Aufsetzen zur Zerstörung des Fahrzeugs durch den Stoß auf den Mondboden führt.

P

PLANET

Planeten sind kugelförmige Himmelskörper, die einen Stern umrunden. Jeder Planet folgt seiner eigenen Umlaufbahn, die von keinem anderen gleich großen oder größeren Himmelskörper besetzt wird. Planeten werden hauptsächlich unterteilt in erdähnlich (oder terrestrisch), im Wesentlichen bestehend aus Silikatgestein und Metallen; Gasriesen, im Wesentlichen bestehend aus Wasserstoff und Helium; Eisriesen, gebildet aus flüchtigen Stoffen, die schwerer als Helium und Wasserstoff sind (Wasser, Ammoniak und Methan, z.B.), die Astrophysiker als „Eis" bezeichnen.

R

REVOLUTIONSPERIODE

Die Zeit, die ein Planet (oder jeglicher Himmelskörper) braucht, um die Sonne einmal vollständig zu umrunden. Die Erde braucht 365 Tage (ein Kalenderjahr) für eine vollständige Umrundung.

ROTATIONSPERIODE

Die Zeit, die ein Planet (oder jeglicher Himmelskörper) braucht, um sich einmal um seine Achse zu drehen. Die Erde braucht 24 Stunden (einen Tag) für eine vollständige Umdrehung.

ROVER

Ein Rover (was auch „Vagabund" bedeuten kann) ist ein Fahrzeug mit Rädern, das an Bord eines Landers auf einen Planeten oder einen Satelliten mitgenommen werden kann. Er kann von Astronauten gefahren werden (wie im Fall des Mond-Rovers) und für den Transport von Menschen und Ausrüstung ausgelegt werden. Oder er wird automatisiert und ferngesteuert (wie bei den Mars-Rovern Sojourner, Spirit, Opportunity und Curiosity).

S

SATELLIT

Jeglicher Himmelskörper, der einen größere Himmelskörper umrundet (der Mond ist ein

Satellit der Erde). Auch künstliche Fahrzeuge, die von der Erde aus in eine Umlaufbahn um unseren Planeten oder einen anderen Himmelskörper für eine Vielzahl von Zwecken gestartet werden: von wissenschaftlichen Messungen (zum Beispiel Wettersatelliten) zur Erleichterung der Kommunikation oder auch zur Kommunikation oder zur Erfassung von Bewegungen und Koordinaten (Satelliten des Global Position Systems oder Militärspionage).

SCHWARZES LOCH

Ein Bereich im Weltraum, in dem die Schwerkraft so stark ist, dass nichts aus seinem Innern entweichen kann, noch nicht einmal Licht. Typischerweise entstehen sie nach dem „Tod" eines Sterns, wenn er in sich selbst kollabiert und dabei eine riesige Masse in einem sehr begrenzten Raum konzentriert.

SONDE

Kleines unbemanntes, mit Sensoren ausgestattetes Raumfahrzeug. Die Sonde wird mit der zur Erfüllung der Mission erforderlichen Mindesttreibstoffmenge betankt.

STERN

Himmelskörper, die ihr eigenes Licht ausstrahlen. Sterne bestehen hauptsächlich aus Wasserstoff und Helium, haben große Massen und produzieren Energie durch Fusionsprozesse in ihrem Kern. Sterne werden nach ihrer Farbe (die mit ihrer Temperatur in Wechselbeziehung steht) und ihrer Größe klassifiziert. Unsere Sonne ist zum Beispiel ein gelber Zwerg, der heißer als ein roter Riese wie Betelgeuse, aber kälter als ein weißer Stern wie Sirius, ist.

SUBORBITALE HÖHE

Dies ist die Höhe, die jegliches in den Weltraum gestartete Objekt erreicht, das keine volle Umdrehung um die Erde oder den Körper, von dem es gestartet wurde, abschließt.

U

UMLAUFBAHN

Dabei handelt es sich um den gekrümmten Weg, den ein Objekt aufgrund der Schwerkraft um einen Punkt im Weltraum durchläuft. Zum Beispiel: der Mond umrundet die Erde und die Erde umrundet zusammen mit den anderen Planeten des Sonnensystems die Sonne auf einer elliptischen Bahn.

V

V2

V2 waren unbenannte Fahrzeuge, die im Jahr 1942 von dem deutschen Ingenieur Wernher Von Braun für die Nazi-Armee konstruiert wurde. Es waren die ersten Objekte, welche die Atmosphäre verließen und eine Höhe von 100 km erreichten. Es waren jedoch auch furchtbare Waffen, die hunderte Menschen, vor allem in Großbritannien, tötete.

Z

ZWERGPLANET

Ein Himmelskörper, der groß genug ist, um eine Kugelform zu haben, aber nicht groß genug, um seine Umlaufbahn um die Sonne selbst zu besetzen. Ceres im Asteroidengürtel und Pluto im Kuiper-Gürtel sind zwei Zwergplaneten.

GIULIA DE AMICIS

Geboren 1986 in Mailand.
Nach Abschluss ihres Masters
in Design begann sie zu arbeiten
als Informations-Designerin
und Illustratorin für kleine
Studios, Zeitungen und
Nichtregierungsorganisationen
im Bereich Umwelt. Bis heute
studierte und lebte sie in Italien,
Spanien, Indien und Griechenland.
Zurzeit lebt sie in Brighton, UK.

VALENTINA FIGUS
Grafik-Layout

EDIZIONI WHITE STAR

Edizioni White Star ist eine eingetragene Marke
von White Star s.r.l.

© 2018 White Star s.r.l.
Piazzale Luigi Cadorna, 6 - 20123 Mailand, Italien
www.whitestar.it

Übersetzung: Iceigeo, Mailand, Italien
(Übersetzung: Norbert Carls;
Redaktion: Paola Paudice, Chiara Schiavano)

ISBN 978-88-540-3763-2
1 2 3 4 5 6 22 21 20 19 18

Gedruckt in Kroaten